Paloma

DE RICH WINOGRAD

Una Publicación de la
Fundaciòn Napoleon Hill

Editorial:
The Napoleon Hill Foundation
P. O. Box 1277
Wise, Virginia 24293

Pagina web: www.naphill.org
Correo electronic: thenapoleonhillfoundation@uvawise.edu

ISBN: 978-0-9819511-5-7

Leí *Paloma* en una sola sentada . . . no porque fuera una lectura breve sino más bien por todo lo que provoca. *Paloma* documenta la presencia activa de Dios y su participación en la vida del hombre. Muestra la manera como la fe proporciona el medio para reconocer esto y aceptarlo.

JAMES BLAIR HILL, MD

En su libro *Paloma*, Rich Winograd comparte con nosotros algo más que una historia especial de una pequeña niña y su familia que experimentan las alegrías, desafíos, enigmas y el amor en la vida de una familia contemporánea. La misión de Winograd es similar a la de Paloma; abre nuestros corazones a las posibilidades dentro de nosotros mismos. *Paloma y Napoleón Hill* comparten la capacidad para usar los conceptos de "la Fe Aplicada", "La Fuerza del Hábito Cósmico" y "Viviendo a Través de la Adversidad y la Derrota para Lograr una Definición de Propósito en la Vida Familiar". Esta lectura te hará sonreír a través de las lágrimas, te hará ver esperanza en los días nublados y a descansar más fácilmente conociendo el éxito, terrenal y espiritualmente, que nace dentro de todos nosotros.

JUDITH B. ARCY, PhD

Esta es una sorprendente historia de un vínculo amoroso entre una madre y su pequeña hija. Es una historia de hallazgo afortunado, espiritualidad y un recordatorio de que todos nosotros somos espíritus vivientes con experiencias corporales humanas. Cuando leas este libro te darás cuenta que todo por algo pasa. Es un libro que toda familia debe tener en su biblioteca familiar.

FRED WIKKELING
AUTOR DE "!LOOK UP!"

Muy de vez en cuando, aparece un libro que sea tan hermoso, tan lleno de amor, y tan lleno de fe, como para no perdérselo. *Paloma* es una historia de esas. Es una obra que toda madre, maestro, padre, abuelo y cualquiera que aspire a ser padre debe leer por su alto contenido de amor y fe.

BARBARA GARDNER, MEd.

Paloma es una historia movida de una vida joven profunda y hermosa. Es también un conmovedor relato de fe, amor, esperanza, y familia que todos pueden apreciar y disfrutar.

MARY AKERS, COAUTORA DE "RADICAL GRATITUDE"
Y OTRAS LECCIONES DE VIDA APRENDIDAS EN SIBERIA

¡No pude posponer la lectura de *Paloma!* Lo leí en una noche. Que conmovedora y hermosa historia que todo padre debe compartir.

GAYNELL LARSEN

Paloma, es una hermosa historia de la fragilidad y fortaleza de la vida. Nos imaginamos que nosotros somos los verdaderos arquitectos de nuestras vidas. Pero este relato nos permite ver el significado del amor y la presencia de Dios en el color y textura de las circunstancias diarias. Se nos prestan personas que vienen a nuestras vidas por corto tiempo. Pasamos por la alegría y el dolor, la confusión y la duda. Y no tenemos la intención de quedarnos aquí. Cada día es una invitación para ver, sentir, vivir, y amar. Todo el bien se nos hace llegar por una providencia amorosa que nos lleva a la vida eterna. La fe nos permite comenzar a vivir esa vida ahora en parte.

SR. THERESE GUERIN SULLIVAN SP
MINISTRO DE LA DIOCESE DE CLEVELAND

El autor habilidosamente nos muestra que todo sucede por alguna razón. La inteligencia infinita nos envía a nuestros hijos para enseñarnos y recordarnos que debemos tener fe. *Paloma* es un regalo de vida.

CHRISTINA CHIA
PRESIDENTA Y FUNDADORA DE
NAPOLEON HILL ASOCIADOS

Paloma es una niña precoz y sincera con sentimientos profundos y una voluntad férrea. La relación entre ella y su madre Elida es muy especial. Elida ve reflejado mucho de ella misma en su hija y cree que Dios está trabajando en *Paloma* de un modo extraordinario. Los milagros suceden diariamente pero debemos poner atención en ellos cuando suceden. Este libro me deja con la misma sensación que frecuentemente tengo cuando alguien comparte conmigo sus confidencias personales del corazón. En esos momentos frecuentemente siento que he estado caminando sobre suelo sagrado.

REVERENDO ROBERT SIPE
CAPELLAN CATOLICO DEL PUERTO DE DULUTH

Paloma es una historia profundamente religiosa sin llegar a ser un "sermón". Aunque no conozcamos personalmente a Paloma, llegamos a darnos cuenta que ella entiende su propósito de vida de un modo casi místico. Rich Winograd ha hecho una obra maestra de comunicación con el lector a través de este conocimiento interior de esta pequeña niña. Este libro tocará la vida de todo aquel privilegiado que lo lea.

FR. JOHN W. LOVE
IGLESIA CATÓLICA
MOORPARK, CALIFORNIA

Uno necesita únicamente conocer a un niño pequeño para entender y sentir la energía de este libro. Entre el corazón humano de una madre, el alma espiritual de una hija, y los hechos artesanalmente trabajados por el autor, el lector podrá ver que el mundo es, sin duda alguna, fe, esperanza y amor.

THOMAS E. KONRADY
PORTO ALEGRE, BRASIL

Paloma es una historia importante. La gente se podrá ver a si misma a través de este libro, ya sea que se identifiquen con esta notable niña, con sus amorosos padres, o quizás incluso con sus hermanos. Quizás conozcas gentes como *Paloma*, que alcanzan la sabiduría con el paso de los años. Su presencia le da sentido a nuestras vidas ya que nos recuerda de las muchas bendiciones que nos esperan a diario en esta vida.

ROBIN JAY
AUTOR GALARDONADO Y
CONFERENCISTA MOTIVACIONAL

Paloma es un libro que ofrece una abundancia de esperanza a los demás. Pone la vida en perspectiva. Después de remover mis emociones, me hizo reflexionar sobre mi vida y la importancia de tener una actitud de gratitud por todo lo que la vida nos da día tras día. La bendición principal en este libro es el conocimiento de que todo sucede por alguna razón. El lector le agradecerá a Paloma por recordarnos que la confianza, tener fe, y el amor son eternos.

DAN GIBBONS
ESPOSO Y PADRE AMOROSO
CONFERECISTA MOTIVACIONAL E INSTRUCTOR

Esta historia de *Paloma*, hermosamente escrita y ricamente descriptiva, alcanza ese lugar de ansiada profundidad en cada uno de nuestros corazones. Algunas veces el "¿por qué?" nunca se puede entender o contestar totalmente, pero con los corazones y las mentes abiertas, podemos aprender grandes lecciones, especialmente de nuestros hijos. Lee y prepárate para mirar la vida con respeto y bríos renovados, mejorado con fe y esperanza.

JIM CONNELLY
AUTOR DE *"ONE MORE SUNSET"*

La vida es una serie de piezas sueltas de un rompecabezas que nos conecta de formas distintas que no logramos entender completamente hasta que navegamos a nuestro modo a través de las adversidades de la vida. *Paloma* nos ayuda a darnos cuenta lo delicado que son las piezas de un rompecabezas-

KELLY S. KING
DIRECTOR DE EDUCACIÓN Y DESARROLLO DE PRODUCTOS DEL
CORPORATIVO *"MAESTROS MODERNOS KELLY S. KING"*

Escrito en un estilo sencillo y hermoso, esta historia de una pequeña niña que nos enseña los grandes principios espirituales, es acerca del poder de la esperanza, la fortaleza de la fe, y aprender de la adversidad con el apoyo del amor. Una vez que empieces a leerlo, no podrás dejarlo hasta terminarlo.

ANDY BIENKOWSKI
COAUTOR DE *"RADICAL GRATITUDE"*

Dedicatoria

Muchas Gracias . . .

a Paloma y Elida por su fe,
esperanza, luz e inspiración;

a Orpet, Renata y Tiago;

a Deborah, Tatiana y especialmente a
Regina por su amor y apoyo;

a Antonio por su inspiración musical;

a Judith Williamson
por su guía y sabiduría;

a Don Green y Bob Jonson
por su confianza y apoyo;

a Napoleón Hill por sus enseñanzas
de las verdaderas riquezas
de la vida y como obtenerlas;

y a DIOS por todas las razones evidentes de vida
y por todas las razones aún no descubiertas

Prologo

de Judy Williamson
Directora del Centro Mundial de Aprendizaje Napoleón Hill

Algunos libros tienen la misión de ser una lectura de entretenimiento y algunos otros cumplen con el propósito de abrir tu corazón y permitir que entren en su interior "criaturas aladas" para infundir esperanza. *Paloma* es un libro de éste tipo. Es un libro con una misión, y no simplemente un tema. Su misión es proporcionar esperanza a aquellas gentes cuyas experiencias en la vida requieren del poder de la esperanza y de la fortaleza de la fe.

El dolor, el infortunio, el sufrimiento y la pérdida se manifiestan de diferentes maneras. Se pueden presentar cuando alguna relación concluye, cuando los hijos abandonan el hogar, cuando las familias se desintegran y por supuesto cuando los seres amados mueren. La esperanza, sin embargo, es lo último que se pierde y trae curación a la parte lacerada del dolor emocional de cada persona. La historia de *Paloma* nos demuestra el punto de conexión que da origen al milagro de la curación.

Mientras leía este libro de la vida real, de inmediato me sentí tocada con la universalidad de lo que el autor, Rich Winograd, ha dejado inmortalizado para el lector, relatando no solamente la historia de la misión en la vida de una niña, sino también reflejando la historia de cada individuo que se enfrenta a la tarea de preguntar y responder a preguntar sin respuestas del por qué las cosas suceden de la forma que suceden.

Sin embargo, *Paloma* difiere de la norma, por ser una lectura que si da respuesta a esas típicas preguntas sin respuestas de la única forma posiblemente aceptable, que es mediante la fe. Bíblicamente la fe se ha definido como la sustancia de esas cosas en las que tenemos esperanza y de la que tenemos evidencia aunque no la veamos. La esperanza vive en el futuro porque se tiene la creencia que las cosas pueden mejorar con el paso de tiempo. Por eso, durante los periodos de infortunio, dolor, sufrimiento y pérdida, la esperanza es lo único que impide a mucha gente morir literal y espiritualmente. *Paloma* demuestra en primera instancia la forma en que una familia puede resurgir de sus cenizas como lo hiciera el ave fénix mitológico. Con frecuencia la poesía conceptualiza en palabras lo que mejor se expresa en el corazón. El poema titulado "Esperanza" de Emily Dickinson captura metafóricamente el concepto abstracto de la esperanza al describirla como una ave que vive dentro del alma de uno y siempre dispuesta a dar calor a una persona durante los momentos más difíciles. Irónicamente el nombre de *Paloma* significa justo eso, una *Paloma* que simboliza por si misma el amor, la amistad, y la paz pero que al mismo tiempo representa al portador de un mensaje. Fue una Paloma justamente la que llegó hasta Noé un día llevando en su pico una hoja de olivo y mediante este mensaje supo Noé que las aguas que inundaban al planeta habían bajado su nivel y era lo suficientemente segura para desembarcar en tierra. *Paloma* a través de su lectura nos aporta un mensaje igual, el de no tener miedo sino más bien saber que existe vida más allá de esta vida. Su misión era la de entregar el mensaje justo igual a la misión de Cristo al enviar al Espíritu Santo, representado mediante una paloma, para apoyar a sus discípulos y apóstoles en su misión de propagar el evangelio sin temor alguno. Por ello Paloma distribuye sin miedo alguno el mensaje de que la esperanza se expresa mejor a través de la fe en las cosas que no se pueden ver. Consideremos el mensaje positivo del poema de Emily Dickinson que a continuación mostramos:

La esperanza es el ser alado...

La esperanza es el ser alado
que se posa en el alma
y canta una canción sin palabras
y nunca, nunca termina.

Y dulcemente
se le oye en el viento
y sólo una dura tormenta
podrá batir al gorrioncito
que a tantos mantuvo
en suspenso.

La oí en las tierras más frías
y en el mar extraño
pero nunca
ni en la miseria más grande
me pidió migaja alguna.

EMILY DICKINSON

El autor Rich Winograd se inspiró para escribir este libro cuando se enteró de las circunstancias que rodearon la vida de **Paloma**. Consultó diversas fuentes como labor preparatoria de esta invaluable obra. El libro "Piense y Hágase Rico" del Dr. Napoleón Hill fue una de estas fuentes de consulta. En mi papel de directora del Centro Mundial de Aprendizaje en la Universidad Purdue Calumet no puedo evitar encontrar similitudes entre esta obra y los principios del éxito del Dr. Hill. Con la experiencia de haber impartido numerosas veces el curso de la ciencia del éxito PMA (Actitud Mental Positiva) es evidente que "Los Principios de la Fe Aplicada", "Aprendiendo de la Adversidad y la Derrota", "La fuerza cósmica de los hábitos" y "La definición de Propósitos", forman parte importante de esta obra de Winograd. En consecuencia, Paloma constituye un excelente ejemplo de la vida real de las lecciones del Dr. Hill.

En un artículo titulado "este mundo cambiante," el Dr. Hill menciona lo siguiente:

Sí, ya sé ahora, que mi fe en la Inteligencia Infinita es real y duradera. No es una fe ciega; sino una fe basada en observar atenta y cercanamente el

*maravilloso trabajo de esta inteligencia. Había
buscado evidencias que justificaran la fuente de mi fe
en la dirección equivocada; lo había hecho buscando
en los actos heroicos realizados por seres humanos.*

*Y la encontré lo mismo en una pequeña bellota que
en un gigantesco roble, en las pequeñas hojas de un
humilde helecho y en la suciedad de la tierra; en el
amistoso sol que calienta la tierra y le da
movimiento a las aguas; en una pequeña partícula de
roca y en la estrella de la noche, y en el silencio y en
la calma de la naturaleza.*

El Dr. Hill encuentra la evidencia de su fe en la naturaleza
y el funcionamiento de la fuerza cósmica en la ley y el orden
del universo. Y hace este gran descubrimiento sólo después de
experimentar el colapso de su banco y la pérdida de su dinero
durante la gran depresión. La vida forma a muchos maestros
para una misma lección y cada uno de nosotros está aquí para
cumplir con un misión divina. Algunos de nosotros reconoce-
mos esa misión desde el principio como lo hizo *Paloma*.
Otros se esfuerzan para descubrir nuestro propósito principal
en la vida. Independientemente de cómo lo encontremos, lo
cierto es que no existe vida alguna sin sentido ni valor.
Estamos en este mundo para servir a nuestro benevolente
creador que sabe de nuestro valor por haber sido creados a
imagen y semejanza de él. Mientras trabajamos para descubrir
nuestro propósito en esta vida, la mayoría de nosotros lo hace
esforzándose con la fe por delante, aprendiendo de la adversidad y la derrota, y luchando para entender el significado de
la vida. Estos temas son universales y representan la parte más
significativa de lo que sucede en nuestra existencia.

No hay duda alguna de que la hermosa y vivaz *Paloma* vino
a este mundo a entregarnos una lección de esperanza y
curación para todos y cada uno de nosotros. Su mensaje final
fue que la vida continúa. No sólo de manera física sino espiritual. Porque al venir de las estrellas por siempre brillaremos.

Paloma sabía esto cuando escribió "Creer es la realidad de la esperanza que tenemos de ser generadores de vida." El Dr. Hill dijo lo mismo pero de otra manera: "Lo que la mente puede concebir y creer, la mente lo puede lograr." Ambos enunciados son correctos.

Para concluir, me gustaría públicamente agradecer al autor, Rich Winograd, haber obsequiado este libro al Centro Mundial de Aprendizaje Napoleón Hill como material de apoyo para sus programas educativos, sin compensación económica alguna a cambio, porque a consideración del autor es parte del objetivo y misión de este libro. Y al hacerlo entiende lo importante que representa el dar de corazón sin esperar algo a cambio. Estoy de acuerdo. Todos nosotros somos sólo conductores de esa gran obra que viene de la Inteligencia Infinita. Sé de lo que hablo, por el autor y por mi misma, cuando afirmo que serás bendecido por la lectura de este libro. Cambiará tu vida porque es una historia real que transmite el mensaje para una vida eterna. Disfrútalo. Sácale el mayor de los provechos y dalo a conocer entre los demás porque cada uno de nosotros en algún momento experimentamos situaciones adversas en que necesitamos de ayuda muy real para esos momentos de agobio.

Con gratitud a Rich Winograd por este ¡regalo fenomenal de *PALOMA*!
Y deseando ¡que la vida lo bendiga de igual manera!

JUDY WILLIAMSON

Paloma Palmeira Peixoto nacio
el 11 de Junio, 1981 en Sao Paulo,   Brazil
donde su famlia todavia vive.

Paloma

DE RICH WINOGRAD

*Lo siguiente se basa
en una historia real.*

*"Creer es la realidad
de la esperanza que tenemos
de ser generadores de vida."*

Capitulo 1

Todo sucede por alguna razón.

Con frecuencia esta simple filosofía se presta a la controversia, a la polémica y a la duda debido a que las razones no son inmediatamente evidentes y esto da pie a un vacío que genera duda y polémica. Pero aquellos con fe y esperanza tienen la paciencia y sabiduría para buscar esas razones.

La fe se manifiesta de diferentes formas. El proceso de búsqueda de razones en la vida también se manifiesta de varias maneras. No hay una sola forma; sino muchas y distintas. Los estudiantes, los maestros y los líderes religiosos han adoptado estas formas de búsqueda a lo largo de los siglos. Pero finalmente es una tarea personal y privada. Los caminos de Dios son misteriosos y cubre también con un velo de misterio la mayoría de las circunstancias. Cuando se ejerce la fe las razones aparecen como por arte de magia.

En Brasil, por ejemplo, la fe y las razones suelen encontrarse en muchos sitios. Para algunos, la belleza natural y pura del Brasil es una fuente energizante de fe y esperanza. La profunda diversidad de belleza y esplendor se conjuga en las olas que besan las blancas arenas de las playas de Fortaleza y Natal. Su belleza se manifiesta en las alas de una guacamaya multicolor que flota entre la exuberante vegetación del amazonas. Su esplendor crea un aroma delicioso que emana de una pequeña taza de café finamente preparado en algún café al aire libre de Belo Horizonte.

La belleza del Brasil se puede oír en la cautivante comparsa musical de una escuela de samba que toca interminablemente en las noches de carnaval. Se puede ver en el flujo constante de agua que cae de las cascadas del Iguazú. Se puede probar en la deliciosa papaya o mango que puede adquirirse en cualquier mercado al aire libre de la prospera y moderna ciudad de Sao Paulo. Se puede oler en el delicioso tufo que sale de una olla hirviendo a fuego lento de camarón fresco y coco, lentamente mezclado con salsa picante y deliciosamente elaborado por un cocinero de la ciudad de bahía y se puede tocar en el corazón de cada fanático al fútbol que late agitadamente cada vez que algún jugador del equipo brasileño de sus amores se encamina hacia la portería enemiga en busca del gol en un torneo mundial de este deporte.

Pero quizás en ninguna parte del mundo, se puede experimentar más belleza y esplendor, fe energizante y esperanza que en la extravagante ciudad de Río de Janeiro en Brasil. Desde los primeros exploradores benedictinos portugueses del siglo XVII, hasta los historiadores, y actuales escritores y poetas, muchos han agotado sus vocabularios imaginativos tratando de describir a la ciudad de Río. Alguna de estas voces autorizadas dijo alguna vez de manera elocuente y sencilla que es como una impresión sublime de la belleza por si misma.

Desde la cima del corcovado, impresionante estatua del Cristo Redentor, es posible experimentar esa sensación de belleza. La hermosa postal de montañas bañadas por las aguas del mar, incluyendo la Bahía de Botafogo y las bellas playas de Copacabana e Ipanema alimentan prodigiosamente también esa impresión. Pero igualmente puede experimentarse al observarse el agitado ritmo de vida que transcurre en las calles de la ciudad donde concurren, lo mismo, valores sencillos de vida que fuertes valores familiares.

Pero el misterio de la fe, especialmente en Brasil, va más allá de esas imágenes perfectas de belleza y esplendor. Por el simple hecho de que las caras de la pobreza, el hambre y la privación también buscan sus propias razones de existencia. Desde esta altura se puede ver a lo lejos a hombres sin camisas y con barbas desaliñadas sentados en las afueras de talleres mecánicos de paupérrimas condiciones pero fuertemente aferrados a su fe. Niños descalzos, de no más de seis años de edad, pidiendo limosna en cada esquina de las calles, pero también con la esperanza reflejada en sus caras. Ahí también a lo lejos se puede distinguir a una mujer desaliñada y recostada en una banqueta cubierta de sabanas roídas y rodeada de tres niños pequeños que en sus caras está impresa la duda y búsqueda de motivos de sus tristes vidas. En el hedor que se desprende de pilas de basura quemándose y que contamina el aire de esa zona de la ciudad, hay vidas que laten y viven su cotidianidad anhelando encontrar respuestas a sus deprimentes vidas.

Para muchos, lo mismo ricos que pobres, se encuentran muchas respuestas en las iglesias. Una iglesia en Brasil es más un museo que un lugar de culto. Son lugares sagrados con esculturas de mármol, imágenes antiguas de oro macizo proveniente de Portugal, muebles fabricados de finas maderas explotadas de las ricas selvas brasileñas, lámparas de plata finamente labradas, finos armarios y cajones con manijas de plata pura y paredes de azulejo portugués y diversos santos en figuras de alabastro que ayudan a crear un espectacular escenario de fe y esperanza. Algo de llamar la atención es ver que las iglesias siempre están impecablemente limpias.

✳ ✳ ✳ ✳ ✳ ✳

En algún momento de una brillante mañana de verano allá por los años cincuentas, enfrente de una pequeña iglesia enclavada entre una multitud de árboles en pleno contacto con la naturaleza, se encontraban feligreses socializando e intercambiando abrazos y besos, la tradición brasileña es besarse levemente en ambas mejillas de la cara, como momento culminante de una misa recién concluida y que marcaba también el inicio de otro glorioso día de fe y esperanza que apenas empezaba esa mañana.

La entrada a la iglesia estaba enmarcada por hermoso follaje y flor de bugambilia. En el interior del recinto la suave melodía que brotaba de un órgano reverberaba en la dura superficie de madera del piso. Algunas personas aún permanecían en el interior del santuario; orando silenciosamente, platicando en voz baja o haciendo lo que su inspiración en ese momento les dictaba hacer.

Mientras platicaba en privado con una anciana, el sacerdote

de la parroquia fijó su atención en una joven muchacha que se acercaba lenta y prudentemente al altar llevando en sus manos un ramo de rosas. La chica estaba finamente ataviada con un vestido blanco de encaje, calcetas blancas y cortas, y zapatos negros recién lustrados. Su hermosa cabellera rubia, cuidadosamente peinada y un cutis limpio y fresco enmarcaban una figura prácticamente imposible de pasar inadvertida.

Una vez de pie, de frente al altar, la joven llamó fuertemente la atención del sacerdote y la anciana. Ambos la observaban con admiración y curiosidad mientras la veían fracasar repetidamente en su intento para colocar las flores en la parte alta del altar. Después de varios intentos vanos la decisión final fue depositarlas en el piso. Parecía satisfecha y no frustrada, a pesar de de que ni el padre ni la anciana se habían ofrecido ayudarla para lograr su cometido.

Una vez hincada y luego de sonreír, la chica se alejo del altar mientras la anciana se aproximo a ella.

"¿Cual es tu nombre?" preguntó la anciana con voz suave y encantadora.

"Elida", respondió la muchacha con pocas palabras, pero educadamente.

"Es un nombre muy bonito," continuó la anciana. "Y las rosas que traías son muy hermosas también."

"Gracias," respondió Elida de nuevo, dirigiéndose de inmediato a reintegrarse con su familia, conformada por sus padres, una hermana y un hermanito, que se encontraban cerca de la entrada de la iglesia, y enseguida todos juntos tomaron camino hacia el exterior en medio de un sol ardiente. El padre de Elida, un hombre delgado y alto, de clase media y miembro de la fuerza aérea, encendió un cigarro y a solas se dirigió a abordar su vehículo. Entre tanto, Dora, la madre de Elida, esperaba protegiéndose de los rayos del sol a la sombra de un árbol de eucalipto junto con sus tres hijos. Repentinamente algo llamó la atención de Dora con respecto a su hija Elida. Se dio cuenta de que su hija ya no traía consigo las flores, ese carísimo ramo de rosas que Elida acababa de dejar en el altar.

"Elida, ese ramo lo íbamos a ocupar en la decoración de la mesa de la casa, en nuestra cena del domingo por la noche."

Elida no respondió y sólo alcanzó a encogerse de hombros.

Ninguna palabra o explicación salió de sus labios. Simplemente lo que había sucedido es que ella había dejado las flores en el altar y eso fue todo, por ahora. Todo sucede por alguna razón.

* * * * * * *

Al otro lado de la ciudad de Río, en una zona llamada Tijuca, se localiza una casa que evoca prácticamente todo el sentimiento y el carácter propios de una iglesia. Construida en 1898 sobre una hermosa franja de terreno estéril que se le llegó a conocer como la Rua Campo Sales, esta casa se erigió y se convirtió en mudo testigo del desmesurado crecimiento alrededor de ella. Tan notablemente fuerte y desafiante como la construcción misma, creció en su interior una familia con personalidad intensamente propia.

El apellido Marques Peixoto, cuyas iniciales son MP y el año 1898, son dos datos históricos que quedaron esculpidos en piedra en el frente de la casa, en lo alto del segundo piso. Orpet José Marques Peixoto, que nació y murió en esa casa de Rua Campos Sales, se encontraba parado cerca de la puerta de su casa bromeando con sus vecinos. Un abogado, un policía y un jefe de policía. Orpet era un tipo influyente pero no tanto como lo hubiera logrado en caso de haberse comprometido más con su carrera. En lugar de eso, pasaba el tiempo haciendo lo que mejor sabía hacer, disfrutando de la vida. Disfrutaba de la comida casera y de los helados, y de la convivencia con amigos y familiares. Le encantaban los niños, y en su futuro habrían muchos para amar dentro del seno familiar.

Ya comprometido en matrimonio, cierto día mientras esperaba su autobús en Río, Orpet se sintió atraído ante la bella imagen de una encantadora mujer de nombre Lourdes, que en esos momentos por ahí casualmente pasaba. El resultado de este inopinado encuentro derivó en un cambio apresurado en sus planes de matrimonio con la mujer que ya estaba comprometido. Esta pareja algo dispareja, él todo un amante de la diversión y Lourdes rígidamente católica, contrajeron matrimonio y tuvieron diez hijos.

Pero retomemos el relato con Orpet fuera de su casa platicando con sus vecinos, mientras que arriba en el segundo piso un tío de él se encontraba preparando una pequeña maleta de viaje. Ese día, y por ser uno de los pocos miembros de la familia en poseer un carro, Orpet se había ofrecido diligentemente en llevar a su tío hasta la terminal interestatal de autobuses. También ese mismo día coincidentemente un amigo de Orpet se encontraba en casa almorzando, y por supuesto, se unió al grupo que irían a dejar al tío y que incluía también a los seis niños del joven matrimonio, que bajaron de prisa por las escaleras para integrarse al grupo.

Uno a uno los seis niños se fueron sentando ordenadamente en la parte trasera del antiguo pero distinguido carro Chrysler de papá. A un lado, Lourdes observaba pacientemente la escena portando un delantal que cubría su prominente vientre que alojaba en su interior el séptimo hijo por venir. Ya con todos los ocupantes debidamente colocados en su lugar, Orpet besó a su esposa para despedirse y abordó el vehículo enfilándose todos al destino deseado. Durante el trayecto el intenso calor veraniego de Río obligó a una escala para disfrutar de un helado. El sol abrasador que chocaba inclemente contra los cristales de las ventanillas laterales obligaba a los niños a consumir sus conos de helado con la mayor rapidez posible que permitía su rápido derretimiento. Mientras reían intercambiando sus conos y chupándolos juguetonamente, su padre apresuraba el paso del vehículo a través de las calles de Tijuca en dirección a la parte más elevada de la ciudad, en un intento por sortear el calor abrasador y disponer de aire más fresco en las alturas rumbo a la estación de autobuses.

Entre tanto, sentado en la esquina derecha del asiento trasero y con su pequeño hombro haciendo presión contra la portezuela, se encontraba Orpet José Marquez Peixoto Jr., de cuatro años, o Pethinho, para identificarlo mejor en la forma diminutiva de su nombre en Portugués. Este pequeño pasajero era el menos inquieto de los hermanos y el único que evitó compartir su cono de helado con los demás. En vez de hacerlo, se concentraba atentamente en ingeniárselas para comerlo mientras observaba las escenas que pasaban ante sus ojos a través de la ventanilla.

Orpet, por su parte, aparte de conducir el vehículo se concentraba en platicar con su tío. El tema obligado era principalmente hablar del gobierno Brasileño, o quizás de la falta de gobierno en si mismo. De prisa fue acercándose a la zona de "Alto de Voa Vista", un tramo carretero sinuoso y con espectaculares vistas desde el cual se puede tener por un lado una hermosa vista aérea de la ciudad y por el otro lado una maravillosa imagen de la playa. Obviamente conforme el vehículo ascendía la temperatura iba descendiendo poco a poco haciendo el aire más fresco, claro y agradable. Una rápida mirada al espectacular escenario que se veía ante sus pies, hacía a Orpet sentirse invadido por momentos con un extraño sentimiento de superioridad al ver a la ciudad desde esa altura.

Entre tanto, los niños gritaban de emoción cada vez que el vehículo tomaba con velocidad las cerradas curvas del tramo carretero, haciendo que los gruesos neumáticos del vehículo chirriaran al momento que se realizaba esa maniobra. Pero de pronto, toda la algarabía se convirtió súbitamente en un pesado silencio, ya que el asiento trasero se había quedado con un pasajero menos, debido a que en alguna de las curvas por la alta velocidad de maniobra, la puerta derecha accidentalmente se había abierto y como resultado el pequeño Orpet había sido lanzado fuera del vehículo.

El silencio y la conmoción reinaron sólo durante un segundo. De inmediato los niños de mayor edad gritaron a su padre de lo que había pasado lo que obligó a Orpet a frenar el vehículo abruptamente y orillarlo a un lado de la carretera. Rápidamente salió del carro volteando atrás del camino con la esperanza de poder ver a su pequeño hijo, a quien vio a lo lejos milagrosamente de pie a un lado de la carretera.

Lo que había sucedido realmente no fue sino que simplemente al ser lanzado fuera del vehículo su pequeño y regordete cuerpo había dado un giro en el aire, cayendo sorprendentemente sobre sus propios pies. Prácticamente sin sufrir rasguño alguno. El pequeño Orpet sin reflejar en su carita emoción alguna solo acertaba a ver a su padre y hermanos que se acercaban hacia él para cerciorarse de que estaba bien.

Más tarde, mientras se encontraba cocinando una olla

caliente de frijoles en la cocina de su casa de Campo Rua Sales, Lourdes vio alterada su tranquilidad por pequeños gritos provenientes de la escalinata.

"¡Mami, Pethino se cayó del carro!" gritaba el niño mayor a su madre.

Con el horror dibujado en su rostro, Lourdes, de pie en lo alto de la escalinata, miraba estupefacta el desfile de niños que subían corriendo por las escaleras.

"¡Orpet!", le gritó a su esposo. "¿Orpet, dime que sucedió?".

"Todo está bien," contestó él desde el pie de la escalera. "fue sólo un pequeño accidente, pero nada más."

La reacción de Lourdes fue bajar inmediatamente de prisa por las escaleras mientras el pequeño Orpet entraba por la puerta al interior de la casa. Al verlo, de inmediato Lourdes lo abrazó fuertemente y beso su frente con la enorme alegría de verlo bien. Lo miró fijamente a los ojos, exhaló un suspiro de alivio y finalmente sonrió.

El pequeño se encogió de hombros y ninguna palabra o explicación salió de sus labios. Simplemente lo que había sucedido es que se había caído del carro y eso fue todo, por ahora.

Todo sucede por alguna razón.

Capitulo 2

Pequeños ponis. Ella estaba rodeada de ponis. Por supuesto no eran ponis reales. Puesto que estamos hablando de la recamara de una pequeña, más sin embargo, es exactamente estos pequeños caballitos lo que definieron al mundo de Paloma.

Estos pequeños juguetes inundaban las estanterías de las jugueterías justo cuando las muñecas de trapo comenzaban a bajar de popularidad y ventas. Su altura era de sólo doce centímetros aproximadamente y con una longitud casi igual. Sus ojos eran extremadamente grandes en proporción a sus pequeños cuerpos, dotándolos de un aspecto curioso y a la vez meditabundo. Incluso algunos tenían sus cabezas tan erguidas que parecían estar pensando o con la intención de decir algo. Algunos otros tenían una pierna doblada en aparente movimiento como si fueran caminando hacia alguna dilección. Otros más se fabricaban con pequeñas alas, que remitían al espectador a situaciones de carácter divino.

Una pequeña inscripción en la pata izquierda trasera de estos pequeños juguetes indicaban su lugar de origen, Honk Kong, su origen era algo en lo que no coincidía Paloma, ya que para ella estos animalitos venían directamente desde el cielo. Para ella no eran simplemente juguetes, eran posesiones altamente valiosas, que requerían de la misma cantidad de amor y cuidados que cualquier niño normal requiriera. Y por ello, Paloma no escatimaba nada para prodigárselos intensa y afectivamente.

Con la ayuda de un trapo húmedo, amorosamente limpiaba los cuerpos de cada uno de sus once animalitos para quitarles el polvo y suciedad acumulado. En un principio ella tenía doce ponis pero el último que había recibido como regalo apenas una semana antes, aún lo conservaba en su envoltura original. Normalmente Paloma se enamoraba de la pureza que para ella tenía cada poni nuevo, por lo que acostumbraba mantener el juguete en su envoltura original por algunas semanas antes de liberarlo al mundo.

Era tanto el cuidado amoroso que aplicaba al limpiar la cara de éstos pequeños que al hacerlo procuraba evitar que sus ojos y boca de los animalitos entraran en contacto con el agua jabonosa. Era muy prudente porque en cierta ocasión su padre le había lavado la boca con agua de jabón y esto le había ocasionado una molestia tan grande que rompió a llorar, ante la indiferencia de los demás que no veían razón alguna para tal reacción, más no para ella que de esa forma demostraba su disgusto e irritación por el terrible sabor del jabón que había quedado grabado en su memoria. Por ese motivo ponía especial atención en que sus pequeños caballitos no pasaran por esa terrible experiencia.

Era un proceso tedioso y lento pero muy necesario, según ella para conservar la belleza de sus pequeños caballitos. Cada uno de ellos era de diferente color y por ello una de las primeras preocupaciones de Paloma era que esos colores brillantes no se opacaran con el paso del tiempo. Por lo tanto, se esforzaba por conservar en ellos el encanto de ese rosa vivo, la frescura de la verde primavera, el brillo del amillo soleado y el resplandor del azul agua de sus tonalidades.

"Siéntate quieto," le decía a su pony de color azul agua mientras lo limpiaba detrás de sus patas delanteras. Un día antes este pequeño había participado en un día de campo que Paloma había organizado para celebrar un día tradicionalmente conmemorativo del Brasil, con la consecuente acumulación de suciedad durante esta festividad.

"Si no me dejas que termine de limpiarte, no te dejaré salir durante toda una semana," le decía al pequeño regañándolo. Su voz autoritaria y el hecho de que ya otro poni había sido castigado previamente por la misma causa, era suficiente motivo para que el caballito en cuestión obedeciera diligentemente sin replicar. Paloma parecía orgullosa de mostrar esa imagen exitosa de autoridad y cortés pero firmemente le dio las gracias a su ahora pequeño obediente poni.

Después de concluida su labor de limpieza, Paloma los alineaba antes de pasar a otra importante etapa dentro del proceso de embellecimiento, el peinado de sus cabellos. Todos estos pequeños eran de melena larga que requería de un laborioso proceso y mucha disciplina para conservarlos hermosamente. Al tener una blonda y preciosa cabellera que demandaba de muchos cuidados para mantenerla siempre hermosa, Paloma sabía perfectamente de lo importante de dotar a sus pequeños con todo tipo de cuidados para lograr el mismo resultado con sus respectivas melenas. En este proceso no solo se ayudaba de peines comunes sino de una amplia variedad de instrumentos diseñados para sortear cualquier problema que surgiera.

Cada uno recibía una especial y esmerada atención de Paloma. A uno le alaciaba el pelo, mientras que a otro lo rizaba, a otro más le hacía trenzas, a otro más le ponía moños, y así sucesivamente aplicaba diferentes estilos de peinado con la misma precisión con la que un pintor le da forma a sus cuadros con la ayuda de sus pinceles, dotando a cada uno de sus pequeños de un estilo de perfecta elegancia y belleza.

"Mami, ¿en dónde estás?" gritó Paloma desde su recamara

"Estoy en mi baño querida," Elida respondió casi de inmediato

Paloma organizadamente colocó a cada uno de sus ponis en sus respectivos lugares dentro de su juguetero y luego bajó a la planta baja. Ahí se detuvo en el baño que compartía con su hermana y hermano y recogió su pequeño escalerita blanca de juguete. Siguió caminando hasta entrar a la recamara principal en donde su madre había ya iniciado su rutina diaria de belleza. Paloma colocó su pequeña escalerita a un lado del lavabo para luego encaramarse y ponerse en posición de observar y aprender acerca del arte de ser mujer.

"Nadie lo hace mejor," Cantaba Elida la letra de una de sus favoritas canciones americanas con un acento brasileño,"..."y me hace sentir tan mal," seguía entonando la letra de la canción.

"No cantes, Mami," le dijo Paloma desde su posición de espectadora.

"Nadie lo hace tan bien como tú," seguía cantando Elida. "Nene tu eres el mejor"

"Mami, no cantes,"

"¿Que quieres decir con eso de que no cante? Si me gusta hacerlo."

"Pero no me gusta que lo hagas"

"No seas boba. A ver dime ¿Qué hacías en tu cuarto sola y tan callada?"

"Alistando a mis ponis"

"¿Alistándolos para qué?"

"Para una fiesta. Es que van a ir a una fiesta de cumpleaños."

"¿Y de quien es el cumpleaños?"

"De nadie, Mami. Ya sabes que es sólo un juego"

Elida se rió entre dientes, y avergonzada por un momento de no haber recordado la forma que su hija acostumbraba jugar. La capacidad de comunicación entre madre e hija era asombrosamente sincronizada entre ambas, sin embargo, ocasionalmente Paloma mezclaba el juego con la realidad de tal manera que confundía a su propia madre.

Con el tinte colorante entre sus manos, Elida comenzó a masajear su cuero cabelludo, buscando cubrir con ello los finos hilos de cabello canoso que asomaban tímidamente entre la espesura abundante de su cabello castaño claro. A sus 39 años, podría haberse dado el lujo de culpar a su edad, al trabajo y al rigor de educar a tres preciosos hijos por el deterioro de su apariencia física. Pero en lugar de eso, procuraba siempre verse mejor para conservar esa atractiva apariencia de la que veintidós años antes Orpet se había enamorado.

Elida insistía que los cuarenta o cincuenta dólares que se gastaba frecuentemente en el salón de belleza era una cifra tan importante como lo que gastaba su esposo Orpet en el software de su computadora, pero a pesar de ello no tenía objeción alguna en teñirse el cabello en casa con tal de ahorrarse esos dólares. Más sin embargo, no lo pensaba dos veces en acudir a un salón de belleza y pagar lo necesario cuando se trataba de lograr un toque más profesional de su apariencia.

Lo mismo sucedía cada vez que Elida compraba ropa nueva, aquello era tan importante como comprar un nuevo par de tenis para Tiago, o el hecho de pagar sus clases de arte eran tan necesarias como pagar las clases de natación de Renata y las lecciones de ballet de Paloma.

Con un admirable acopio de paciencia y comprensión, Orpet le permitía a su esposa hacer lo que ella considerara necesario en el manejo del dinero. Mientras que él se las ingeniaba para sobrevivir tan modestamente como fuera posible y checar los recibos de pago con la esperanza de que estos fueran cada vez de menos cuantía, Elida gastaba y actuaba libremente sin ningún control.

Mientras el tinte teñía completamente su cabello, el olor rancio que desprendía había ya invadido por completo al baño, y por lo menos de momento Elida mostraba una apariencia realmente hermosa.

"¿Qué haces Mami?" Preguntaba Paloma con cierta curiosidad

"Me estoy tiñendo el cabello."

"¿Acaso tu pelo se está muriendo?"

"Muy gracioso. Lo estoy pintando, dándole color"

"¿Por qué quieres pintarte el cabello?"

"Bueno, conforme la gente envejece su cabello pierde parte de su brillo y color, justo igual que lo que sucede con el pelo de tus ponis. Por esa razón tienes que cuidarlo para que siempre se conserve brillante y hermoso."

"Bueno, creo que tienes razón. Nunca voy a querer pintarme el cabello porque no quiero envejecer para no tener que recurrir al tinte, ya que yo sólo quiero ser niña por siempre."

Elida sonrió ante el comentario de su hija y fijó su mirada en la blonda y preciosa cabellera de Paloma que reflejaba la luz del sol de la mañana que se filtraba por la ventana del baño. Muy dentro de ella, sabía Elida que el deseo de su hija era precisamente lo que ella más anhelaba también. Era un sentimiento encontrado el estar maravillada con ver a su hija crecer y al mismo tiempo sentir la amenaza del paso del tiempo en su vida... Quizás por ser la última de sus hijos, Elida había descargado en ella todos su instintos maternales y disfrutaba mucho más la niñez de Paloma de lo que alguna vez disfrutó la niñez de Renata y Tiago.

Recordaba ese triste día en que sintió su estómago agitado al tener que empacar por última vez, la ropa de bebé, chupones y biberones que alguna vez fueran de Paloma y ver partir todos estos recuerdos como regalo para una prima de Orpet no fue nada fácil.

Ahora, cada par de pantalones de mezclilla o de tenis que cambiaban de talla conforme la niña crecía, eran muestra innegable de que el tiempo no se había detenido y que todo era distinto. Este sentimiento la hizo abrazar en ese momento a Paloma, sosteniéndola en sus brazos tratando de eternizar ese instante.

"¿Mami, hoy es tu día de salida con Papá?"

"Sí, ¿por qué?"

"Sólo decía que tal vez por eso te estabas poniendo bonita"

"Es que tengo que hacerlo para que Papi me vea bonita cada vez que salimos y así no quiera fijarse en otra mujer para hacerla su esposa."

"No mami, tú eres la única esposa. Eres hermosa"

"Gracias, cariño."

"¿A dónde van a salir hoy Papi y tú?"

"No estoy segura. A tu papá siempre le gusta sorprenderme. Quizás vayamos a ver algún espectáculo o al cine o tal vez vayamos a cenar a algún restaurante."

"Sabes, se me ocurre Mamy que tal vez sería buena idea que la niñera saliera con Papito y de esa forma tu pudieras quedarte conmigo"

"Oh Paloma," rió Elida ante tal ocurrencia. Pero ese era el tipo de comunicación que existía entre ambas y que hacia a esta relación tan especial. "Quiero estar contigo, pero quiero también estar a solas con tu papá. Además, tu y yo tenemos toda una vida por delante para estar juntas."

"¿De verdad?"

"Por supuesto que sí"

"Cuánto tiempo es toda una vida, Mami?"

"Mucho tiempo Paloma; mucho, mucho tiempo."

"¿Estás segura?"

Elida se sintió desconcertada ante tal insistencia y optó mejor por abrazar a Paloma de nuevo.

"Te amo."

"Yo también te amo."

Elida suavemente acarició con sus dedos el cabello de Paloma mientras ambas quedaron fundidas en un abrazo que duró sólo un instante, pero inolvidable por la emotividad del momento.

"Por qué no vas a tu cuarto y buscas algo que hacer mientras me doy un baño," dijo Elida a Paloma mientras le ayudaba a bajar de su escalerita de juguete. "Tardaré sólo un minuto y luego me puedes ayudar a preparar algo para almorzar."

"No desperdicies mucha agua," contestó Paloma mientras recogía su escalera y salía corriendo del baño. "Y no cantes en la regadera."

Al entrar a su recamara Paloma le echo un vistazo rápido a

sus ponis y enseguida se sentó ante un pequeño pupitre blanco colocado debajo de la única ventana con la que contaba el cuarto. Las cortinas con un estampado de rosas brillantes estaban abiertas, lo que permitía que la brillante luz del sol bañara con sus rayos la superficie del pequeño pupitre. Paloma jaló el primer cajón a su alcance para extraer de su interior un par de lentes de plástico para el sol y que colocó sobre sus ojos con la picardía propia de una niña.

Lo que le encantaba ver a Paloma con esos lentes básicamente era la larga hilera de árboles de eucalipto que se erguían como estatuas en la calle que circundaba su casa. Con mucha frecuencia Paloma platicaba de estos altos árboles y de aspecto flemático que a diario miraba con mucho cariño y ternura. Alguna vez, Elida comentó que quizás la alta talla y presencia de estos árboles despertaban en Paloma una especie de admiración similar a la que despierta en un niño un adulto con atributos. Elida también se daba cuenta que Paloma no experimentaba sobrecogimiento por el tamaño de los árboles, lo que podría ser común en cualquier niño ante algo de tan gran tamaño. En cierta ocasión, Elida comentó a su hermana que Paloma parecía sumamente identificada con estos árboles. Y en la opinión de la hermana una relación de ese tipo entre una niña de siete años y un montón de árboles era extremadamente ridícula; sin embargo, Elida comprendía esta fe e interés de su pequeña hija en la naturaleza.

Paloma finalmente retiró su mirada de la vista de los árboles y desvió su atención hacia un pequeño sobre que estaba encima del pupitre. Sacó del sobre una pila de papeles blancos que comenzó a hojear con gran entusiasmo. Algunas de las hojas estaban coloridamente decoradas con dibujos de flores y algunas otras sólo contenían impecables palabras manuscritas.

Paloma tomó un lápiz y comenzó rápidamente a golpearlo contra el pupitre, produciendo un sonido que rítmicamente sincronizaba con el sonido débil del agua que salía de la regadera de Elida. Después de quitarse los lentes, Paloma cuidadosamente hizo algunas anotaciones en dos de las hojas que estaban manuscritas. Luego dobló una de las hojas a la mitad y dio otro doblez hasta hacerla más pequeña. Enseguida colocó esa hoja dentro del bolsillo de su blusa rosa. Volvió a reorganizar el sobre y finalmente lo colocó en su sitio original en el pupitre.

Paloma echo un vistazo más a la hilera de eucaliptos antes de levantarse rápidamente de su silla y salir del cuarto. Luego, de puntitas y evitando hacer ruido, se encaminó hacia el cuarto de sus padres, cerciorándose que el sonido del agua de la regadera siguiera escuchándose. Entró a la recamara, se dirigió al lado de la cama en la que normalmente se acostaba su mamá y colocó encima de la mesita de noche de ese lado la hoja de papel doblada que extrajo de su bolsillo. Con la misma felicidad de un ratón después de localizar una pieza de queso, Paloma de inmediato salió del cuarto de prisa procurando que al hacerlo su presencia pasara inadvertida.

Elida terminó de ducharse sin desperdiciar tanta agua y sin entonar canción alguna, tal y como se lo pidiera Paloma. Entró a su recamara y procedió a secarse con su toalla de color salmón pero de inmediato notó el papel doblado en su mesita de noche. Se acercó y tomó el papel en sus manos. Se sentó a la orilla de la cama y lentamente desdoblo la hoja de papel para leer este tierno contenido.

"*Para Mami*
De Paloma
Te adoro, eres lo mejor de mi vida"

Capitulo 3

Orpet llegaba a a casa justo después de las once de la mañana. Su hogar se le conocía como el Lago Azul, o Blue Lake, un idílico suburbio en las afueras de la ciudad de Sao Paulo. En este sitio se podía ver más césped verde, más árboles de eucalipto y más pájaros en plena libertad que numero de gentes habitando Sao Paulo, que para entonces era considera la tercera ciudad más poblada del mundo. En contraste a la vida agitada de Sao Paulo, la vida en Lago Azul era tranquila hasta la ociosidad. Mientras la ciudad era muy ruidosa, Lago Azul era la estampa de la tranquilidad y quietud absoluta.

Orpet condujo su vehículo hasta entrar por el acceso principal del fraccionamiento residencial que habitaba y que normalmente estaba fuertemente resguardado. Saludó a Salvador, el vigilante en turno, y puso en marcha el motor de su nuevo vehículo despertando la curiosidad a su paso de un par de gansos que deambulaban a un lado del camino. Continuó manejando a un lado del canal cercano al primer hoyo del campo de golf que circundaba a las varias casas de esta comunidad. La casa que la Marina Brasileña le había asignado para él y su familia a su retorno de los Estados Unidos se localizaba justo cerca del tercer hoyo y a poca distancia de una cancha de tenis y de la piscina principal. La casa constaba de un amplio espacio dotado con cinco recamaras y era un remanso de paz que disfrutaba Orpet enormemente cada vez que llegaba a casa. Le encantaba la tranquilidad del lugar y disfrutaba a plenitud de los espacios recreativos de que constaba el sitio. Se había prometido a si mismo tomar clases de golf, porque según parecía, era sumamente provechoso para establecer relaciones, pero aún sin elegir algún club para tal propósito. Con cierta frecuencia practicaba tenis y disfrutaba también la privacidad y relajación que le ofrecía su propia piscina privada localizada en el patio trasero de su casa.

Se estacionò Orpet en la acera frontal de su casa, pero opto por rodear y entrar por el patio trasero, primeramente para saludar a Wolf, su perro Husky Siberiano.

"Hola," le gritó Orpet a su perro mientras jugueteaba con él.

"¿Como va todo?"

"¿Me preguntas a mi o al perro?" contestó Elida desde la cocina

"Te estoy hablando a ti cariño, porque a Wolf aún no le enseño a platicar" bromeó Orpet.

"¿Cómo estuvo tu mañana?" respondió Elida.

"Pues digamos que solventé todos los pendientes sin dejar cabos sueltos y por lo cual no voy a preocuparme de nada durante algunas semanas."

"¿Entonces esa idea de dar un curso de invierno en la universidad nunca se materializó?"

"Afortunadamente no. No era mala idea, pero realmente no lo necesitaba. Más bien lo que necesito es un descanso."

"Estoy de acuerdo. ¿Que vamos hacer esta noche?"

"Salir. Del resto yo me encargo. Sólo procura estar lista para las cinco de la tarde. A propósito tu cabello luce grandioso. ¿Dónde están los niños?"

"Renata está en la casa de una amiga. Tiago está allá afuera jugando golf, y Paloma está en su cuarto. Yo por mi parte estoy preparando algo para almorzar. Les dije que estuvieran para almorzar a las doce y media."

"Eso está bien. Voy a la oficina por un rato. Llámame si necesitas algo. Oh, a propósito, ¿cómo está Paloma?"

"Ella se encuentra bien. ¿Por qué?"

"Bueno, después de que tuvimos esa pequeña discusión anoche, se fue a acostar y ya no la vi esta mañana."

"Ella me preguntó que en dónde estabas cuando despertó pero eso fue todo."

"Entenderás que a veces esta niña me saca de quicio, Elida, a lo que me refiero es que lo que pasó anoche fue ridículo. En un minuto estaba sentada en la sala riéndose y divirtiéndose, y de pronto al siguiente minuto se pone furiosa."

"También entiende tú Orpet que esa reacción fue porque le

gritaste"

"Yo no le grite. Simplemente le dije algo que ella se rehusó a hacer."

"Entiende Orpet que le gritaste. No te das cuenta de lo rudo que eres con ella algunas veces."

"Entonces, ¿lo que estás diciendo es que fue mi culpa lo de anoche? ¡Vaya! Eso si que está mejor. Eso es precisamente lo que quería escuchar al regresar a casa."

"Orpet, no estoy diciendo que sea únicamente tu culpa. Yo sé que Paloma tiene su temperamento y sé que le cuesta trabajo en ocasiones dominar ese carácter, pero creo que ambos tu y yo tenemos que encontrar la mejor forma de relacionarnos con ella. Por favor cariño, no la cuestiones tanto. Sólo ve a verla a su cuarto y dile hola. Eso es todo."

Orpet no dijo nada, simplemente se encaminó hacia su oficina; pero antes se detuvo brevemente ante el cuarto de Paloma. Se asomó tratando de no ser visto y saludó a su hija.

"Hola, Paloma. ¿Que estás haciendo?"

"Estoy alistando a mis ponis."

"¿Alistando para qué?"

"Papá, por favor. Lo mismo ya se lo expliqué a Mami. ¿Puedes preguntárselo?"

Orpet asintió con la cabeza, le sonrió a su hija, y salió de la recamara sin decir más.

La oficina de Orpet, al menos así le llamaba él, era un cuarto de la casa que se volvió en el sitio favorito para tratar los asuntos de negocios de la familia. Recién mudados y antes de que algún mueble fuera colocado ahí, Orpet ordenó que este cuarto grande al lado de la recamara principal fuera habilitado exclusivamente para labores de oficina. Ya antes en su anterior hogar, había soportado pacientemente compartir su espacio de pertenencias personales de trabajo con recetarios de cocina, muñecas Barbie, balones de fútbol y ponis. Por fin había llegado la oportunidad de tener un espacio propio para oficina dentro de la misma casa.

En un principio Elida pretendía que ese cuarto se habilitara para huéspedes, y por su parte los niños habían sugerido de muchas maneras la forma en que podría ser utilizada esa recamara, pero este debate no duró mucho. Orpet ya había tomado la decisión. Y es que cuando se trataba de asunto de trabajo, negocios, finanzas y establecer normas a seguir por la familia, las opiniones de Orpet y sus decisiones raramente eran cuestionadas. No ejercía esa autoridad con puño de hierro sino más bien con el interés de por medio de que hubiera una clara convicción y razonamiento para aceptar sus mandatos, por esa razón el tema de la oficina no fue la excepción.

Tal y como lo quería Orpet, la oficina era un sitio blindado. Sus hábitos eran meticulosos y precisos y consecuentemente contar con exceso de muebles no iba con su mentalidad de organización. A la mitad del cuarto, justo a la izquierda del cuarto que daba hacia la piscina, estaba un escritorio fabricado de roble, de estilo contemporáneo y de un tamaño moderado. A la derecha de este escritorio estaba la computadora que él había traído de los Estados Unidos y una impresora que había comprado también en aquel país. A la izquierda del escritorio estaba un bulto de papeles ordenadamente apilados, formando un ángulo de noventa grados a la esquina del mueble. A la mitad se podía ver perfectamente alineados un juego de plumas, un centro de mensajes telefónicos, una lámpara de latón, un calendario, y un cuadro enmarcado con dos fotos – la foto de su boda en donde Elida fue tomada sorpresivamente besando la oreja de él en vez de la tradicional foto formal de ambos en tan especial evento, y la otra foto correspondiente a sus tres hijos en brazos de Mickey Mouse durante su último viaje a Disneylandia.

El único otro mueble existente en esa oficina cuando recién se habilitó como tal, era un sillón de piel negra que reemplazó a su antiguo sillón de madera que hacia juego con sus escritorio inicialmente y que le proporcionaba la máxima comodidad especialmente durante largas sesiones de estar sentado.

Las paredes del cuarto estaban pintadas de un color claro y suave de tal modo que no fuera un distractor para nada. Aunque a decir de aquellos cercanos a Orpet, ninguna influencia externa podía afectar su ética de trabajo en absoluto. Y es que desde la primaria, afirma la madre de Orpet, era muy entregado al trabajo duro y al éxito. Orpet era el cuarto de diez hijos y a muy temprana edad aprendió que el trabajo duro era la única forma de lograr el éxito en la vida. Ya fuera una cama, un par de zapatos o una comida, Orpet sabía que tenía que ganársela a pulso porque nadie se lo regalaría.

Los relojes despertadores, entre otras muchas cosas, eran algo imprescindible en la historia de la ahora acomodada familia. Debido a que de niño y mientras cursaba el tercer año de primaria, Orpet en una ocasión reclamó fuertemente a su mamá por haberlo despertado tarde y lo que provocó que llegara con diez minutos de retardo a su escuela.

"¿Que acaso no sabes que si llego tarde no me podrán premiar por puntualidad en la escuela?" Dijo en esa ocasión a su madre. Mientras se alistaba para partir al colegio en aquellos días de su infancia en Río de Janeiro.

Enseguida prosiguió su discurso hablándole a su madre de los beneficios de la puntualidad y de su relación intrínseca con el éxito para el futuro. Esa misma tarde, Orpet juntó algo del dinero que había ahorrado trabajando en diferentes oficios y se fue a comprar su reloj despertador. Está de más decir, su madre lo testifica, que desde entonces jamás llegó tarde a la escuela de nuevo.

Al igual que lo hiciera su reloj despertador, Orpet trabajaba con extraordinaria precisión y perfección. Cumplía en tiempo y forma con todos sus compromisos, citas, plazos de entrega de proyectos, tareas asignadas, etc. Todos su recibos se pagaban oportunamente y de forma completa, nunca desperdiciaba un centavo por pago de intereses o recargos. Su gasto personal era frugal, y sus inversiones muy acertadas. Lo más importante era que sus acciones hablaban por sus palabras. Con movimientos calculados, y muchas veces de manera inadvertida, nunca permitía que sus intenciones rebasaran a sus acciones.

Entre sus lemas estaba decir: "Un árbol debe crecer pero sin producir ruido al hacerlo"

La carrera de Orpet en la Marina Brasileña creció más rápido de lo pudiera hacerlo cualquier árbol. Fue un destacado estudiante con calificaciones sobresalientes en toda su trayectoria escolar, lo mismo que en su entrenamiento militar, Orpet siempre tenía las calificaciones más altas en cualquier clase que se paraba. Poseía una mente matemática extremadamente precisa y profundizaba en cualquier tema que estudiaba sin conformarse con cualquier explicación superficial. Su éxito como ingeniero iba a la par con su éxito como hombre de negocios lo que lo hizo un hombre más valioso para la Naval.

Fue transferido de Río de Janeiro a un puesto más

importante en Sao Paulo y pasaba gran parte de su tiempo en el programa nuclear de la Universidad de San Paulo. De pronto se vio asimismo participando en distintos proyectos de muy alta capacidad y responsabilidad dentro de la Marina, muchos de ellos de carácter secreto y confidencial, lo que le iba también muy bien con su forma de ser. Así como crecía la necesidad de contar con tecnología más avanzada en el ámbito militar de Brasil, así también crecían las responsabilidades y obligaciones de Orpet. Fue seleccionado para asistir y participar en un programa de estudios de dos años en la Universidad de Stanford, curso al que muy pocos ingenieros brasileños tenían acceso en los Estados Unidos. Después de pasar toda una vida de estudios y trabajo duro, más esos dos años en la Universidad de Stanford, Orpet regresó a casa como un exitoso y muy ambicioso oficial.

El teléfono sonó y Orpet de inmediato dejó a un lado los papeles que estaba organizando para contestar la llamada.

"Hola Sergio, tanto tiempo sin saber de ti," dijo a su interlocutor, "Pensaba que ya te habías olvidado de mi."

Mientras hablaba caminaba de un lado a otro con el inalámbrico en sus manos. Se acerco a la ventana y a la distancia distinguió a su hijo de once años practicando el golf y pudo ver un tiro perfecto que hizo que la bola de golf surcara el aire con gran precisión. Orpet sonrió orgullosamente mientras se alejaba de la ventana.

"Sergio, Quiero hacer una oferta por ese terreno cerca de la escuela y no hasta que tenga en mis manos los planes del desarrollador. Por eso tienes que estar en contacto conmigo todos los días y no solo una vez por semana. Tenemos que ser oportunos, mi amigo."

"Orpet se sentó de nuevo ante su escritorio y comenzó a hojear un periódico mientras continuaba hablando por teléfono.

"Avísame también si sabes algo nuevo de la compañía de Sunnyvale que se anunciaba en el Wall Street Journal el otro día...¿Que quieres decir con eso de que es arriesgado? Se supone que por eso te pago para que me garantices los negocios que hago, no riesgos, eso es por lo que te pago Sergio, garantías de compra."

Orpet continuó hablando por otros diez minutos mientras alternaba un vistazo a los periódicos y a la correspondencia que estaba sobre el escritorio. De este modo los negocios en la oficina seguían adelante pero también lo hacía las compras que Elida realizaba.

Ella continuaba con su carrera artística con toda la enjundia de que era capaz y para satisfacción propia una serie de pinturas al óleo de su creación habían sido exhibidas en una pequeña feria artística de la comunidad donde vivían. Uno de esos trabajos, un fino y delicado cuadro de una madre y una hija paseando con sombrillas en un campo de flores, llamó la atención de un coleccionista de Sao Paulo quien hizo una oferta por dicho cuadro. Sin embargo, su oferta fue rechazada y no por ser poco atractiva, sino porque Elida había hecho ese cuadro especialmente para la hermana de Orpet que vivía con su esposo en Los Ángeles. De cualquier manera, para muchos estos cuadros no representaban precisamente una aventura poco redituable desde el punto de vista económico. Principalmente porque su trabajo real, antes de que los niños nacieran, era la arquitectura.

Ella estudió en una escuela de Río y había trabajado por algunos años diseñando planos arquitectónicos para casas nuevas y proyectos nuevos en Río, antes de dedicarse por entero al diseño de la propia casa familiar. Ocasionalmente se dedicaba a la pintura sin tomar esta actividad completamente en serio. Conforme los niños crecían, especialmente después de su regreso de los Estados Unidos, Elida comenzó a interesarse más y más en la pintura. Después de que Orpet habilitara un cuarto para su nueva oficina, ella mudó su atril a un rincón de ese cuarto. Poco después, se habilitó un estante para almacenar todos sus accesorios artísticos, y un pequeño librero para sus libros escolares de actividades artísticas. Si no fuera porque esa invasión tuviera legítimas implicaciones de negocios, Orpet probablemente no lo hubiera pensado dos veces en mudarse a otro lado. En lugar de eso, apoyó a su esposa en este proyecto, y se tuvo que resignar a darle la bienvenida a todas esas nuevas adiciones a su oficina.

Orpet también tenía planes maestros alternos. Dos años antes de mudarse a los Estados Unidos, y sólo un año después de que naciera Paloma, construyeron una casa de descanso en Araras. Muchos años antes los padres de Orpet se habían aventurado en este retiro en las montañas, a una hora de la ciudad de Río, y habían construido una modesta casa de su propiedad. Anidada entre ricas y abundantes montañas cubiertas de verde vegetación, esta propiedad de Araras era la casa de descanso de la familia. Rodeada de hortalizas y con un pequeño gallinero, servía también como tienda de abarrotes y como pequeño negocio familiar en la venta de huevos y verduras que luego se ofrecía en la ciudad.

Junto con su hermana y su cuñado, que vivían en Río, Orpet había comprado tierras en la región de Araras a menos de una milla de la casa de sus padres, y la fraccionó para llegado el momento de construir. Elida diseñó cada rincón de ambas casas; una de tres recamaras que se asentaba en un elevado altiplano y otra casa de dos pisos con tres recamaras que se asentaba en la porción baja del terreno. Ambas casas eran sencillas, pero con una atmósfera muy especial con que las había dotado Elida en sus diseños. Cuando ella pasaba las tardes soleadas en la casa de dos pisos no podía menos que sentirse orgullosa de su obra.

Orpet la motivaba a que continuara desarrollando su creatividad. Y aunque ambos eran felices en su actual casa, no era una situación permanente por lo que anhelaban con impaciencia la oportunidad de comprar más terreno para que Elida diseñara una nueva casa. Ella tenía muchas ideas en la cabeza pero no factiblemente propias para una casa de descanso en esta ocasión. Orpet podía sentir la emoción e inspiración en su esposa mientras discutían una y otra vez acerca del proyecto. Al mismo tiempo, él diligentemente estudiaba el mercado de inversiones en bienes raíces en búsqueda de una buena oferta del terreno ideal. Así que mientras el prosperaba en su labor de búsqueda, esto le permitió a Elida mudarse con todas sus herramientas de trabajo, atriles y material para sus diseños arquitectónicos, a la oficina de él en forma permanente.

Paloma pasó por la oficina en su trayecto al corredor. Se detuvo en la puerta y luego entró de prisa, para brincar y de un salto acurrucarse en el regazo de su padre. Orpet quedó perplejo ante tal muestra de cariño. Después de todo, aunque por momentos estuviera molesta con él o discutieran por cosas insignificantes que lo obligaba a ser estricto con ella, finalmente se imponía el cariño entre ambos y ella aparentemente se olvidaba de lo que pudiera haber sucedido para brincar alegremente al regazo de papá.

"Hola, Papá," le dijo con una enorme sonrisa. "¿Qué haces?"

Orpet levantó la vista de los papeles que tenía enfrente de él y devolvió la sonrisa a Paloma, no sin antes ver que ese momento era una oportunidad magnifica para aclarar las cosas con su sagaz hija. "Paloma, por favor, Ya le expliqué eso a tu madre. ¿Puedes preguntarle?" El comentario de papá no le hizo nada de gracia a Paloma. Por lo que optó por bajarse de las piernas de papá y se encaminó a la puerta. "Esta bien" dijo con una sonrisa mientras salía de la oficina.

Elida estaba de pie a un lado de la estufa hirviendo una olla de agua en la cocina, cuando vio a Paloma entrar.

"¿Que estás cocinando Mamá?" preguntó mientras caminaba hacia la estufa. "¿quieres que te ayude?"

"Me encantaría Paloma," contestó su mamá mientras hervía arroz en otro traste cerca del agua. Estoy preparando arroz con maíz y pollo en la sartén. Si quieres ayudar podrías preparar la mesa para almorzar."

Paloma emprendió la tarea con singular alegría. La forma en que alistaba la mesa para la comida mostraba en si mismo gran parte de su propio carácter y por eso Elida la observaba orgullosamente. Paloma fue colocando cuidadosamente cada pieza y utensilio en la mesa de manera impecablemente ordenada. Incluso las servilletas eran perfectamente dobladas. Todo era arreglado con esmero y delicadeza. Y como cierre final colocó un arreglo floral que llevo de la sala al comedor para darle una atmósfera de belleza al lugar en la mesa en que se sentaba normalmente Elida.

"Voy a dar un paseo" le dijo a su madre después de terminar de poner la mesa.

"¿Sola?"

"¿Por qué no? No tengo temor de nada,"

"Pero ten cuidado, Paloma, y regresa pronto para almorzar."

Paloma salió de la cocina con alegría, atravesó la puerta de vidrio deslizable y finalmente salió por el patio trasero de la casa. A la distancia, por la calle y a la altura del tercer hoyo del campo de golf, Paloma vio a su hermano preparándose antes de un tiro con su palo de golf. Corrió a lo largo de la calle, por debajo de la hilera de eucaliptos que bordeaban la calle, y comenzó a gritar a su hermano por su nombre.

"Silencio." Contestó Tiago en voz baja mientras apartaba su

cabeza de la pelota a punto de tiro colocada sobre el césped maravillosamente cuidado.

"¿Como estás?" le preguntó Paloma a su hermano mientras se acercaba a él por detrás.

"¿Como va el juego?"

"Todo bien Paloma," contestó él pacientemente, "pero debes mantenerte callada en una campo de golf. Es a lo que se le conoce como las buenas maneras en el golf."

"Suena importante," respondió ella. "Déjame golpearle a la pelota,"

Tiago reenfocó su atención en la pequeña pelota blanca y colocó el palo de golf ligeramente atrás de ella en posición de tiro. Luego, suavemente con movimientos cuidadosos y aplicando las técnicas de golpeo debidamente preparó su tiro. Paloma observaba este momento con admiración mientras la pelota se arqueaba en el aire e iba a parar a algunos pies del green.

"¡Excelente tiro!" Gritó Paloma con alegría mientras corría para alcanzar la pelota. Antes de que Tiago pudiera siquiera enseñar a su hermanita algo más de las buenas maneras en el golf, Paloma recogió la pelota y regresó con ella hacia donde estaba Tiago.

"Hazlo de nuevo," le dijo Paloma con una amplia sonrisa

Tiago cuidaba mucho a su hermana. Era extremadamente paciente con ella y la amaba incondicionalmente, lo que a veces era un poco difícil de mantener considerando los repentinos estallidos de carácter de la niña. Sin embargo, a diferencia de los demás, Paloma raramente peleaba con Tiago. Èl era un alma de Dios y un niño muy dócil con mucho dominio de si mismo y difícilmente influenciable por los demás. Los amigos de la familia frecuentemente decían que Tiago vivía en otro mundo, en su propio mundo. De ser así, indudablemente era un mundo placentero y lleno de paz en donde cualquiera gustoso hubiera dado todo por vivir ahí.

Paloma devolvió la pelota a su hermano cariñosamente, y él la tomó con ese mismo sentimiento que su hermana despertaba en él.

"Gracias, Paloma. Ahora ¿por qué no continuas tu camino hacia el otro lado de la calle?"

Paloma se vio obligada a cambiar de dirección ante tal petición.

El sol de invierno era caliente y el césped debajo de sus sandalias era suave y cálido también, por lo que redujo su paso hasta caminar lentamente mientras salía de la calle y atravesaba el camino hacia el nuevo desarrollo habitacional que formaba parte del vencidario en que vivía. Paloma llegó hasta el frente de lo que pronto llegaría a ser el acceso de una de las nuevas casas. Observó que la suciedad y el escombro se esparcían por todos lados como parte de la construcción que aún no concluía. La parte principal de casa estaba ya concluida; por eso mientras se acercaba a la puerta principal y viéndola de frente la casa se veía perfectamente terminada.

Esa puerta principal estaba abierta así que Paloma entró sin dudarlo. Caminó desplazándose con curiosidad a través de la sala principal que se encontraba desnuda del piso al techo. El fresco olor de la pintura salía desde la cocina así que se dirigió a ese sitio en donde encontró varias latas de pintura abiertas en el piso. Caminó alrededor de la cocina viendo los diferentes botes como un pintor lo hace al ir a una tienda de pinturas. Sin llamarle la atención los grandes botes de pintura blanca, el interés de Paloma se centró en un pequeño bote de pintura roja y en una pequeña brocha que yacía tirada en el piso.

Extrañada por el paradero de Paloma quien aún no regresaba a casa, Elida terminó de preparar el almuerzo justo cuando llegaba Renata.

Muy parecida a su padre, Renata era una persona muy dedicada y comprometida con todo lo que hacía. Delgada y más hermosa que la mayoría de sus amigas adolescentes de trece años, Renata destacaba por su presencia y estatura. Era de una brillante inteligencia que la dotaba de seguridad en si misma y con alta autoestima. Pero a diferencia de sus padres y de los demás miembros de su familia, Renata poseía una personalidad llamativa y exótica que la volvían el alma de toda fiesta. Su fama como la estudiante más popular de la preparatoria le venía desde sus estudios en el jardín de niños.

"¿Por qué freíste el pollo Mamá? Preguntó Renata. "¿Pensé que te preocupaba el colesterol?"

"Tienes razón. No debiera haberlo hecho, pero es rápido de hacer y hoy particularmente hacer las cosas de prisa es muy importante."

"¿A dónde vas a ir que tienes tanta prisa?" Renata continúo

interrogando a su mamá mientras sacaba los platos de la alacena para servir la comida.

"Voy a salir con tu padre, más tarde, pero si no descanso antes de salir voy a parecer un zombi. ¿Te puedes hacer cargo de la limpieza después del almuerzo y de hallar algo para entretener a Paloma para que yo pueda descansar?"

"¿Entretener a Paloma? Crees que es algo sencillo de lograr Mamá?"

"Renata, no te expreses así de tu hermana."

Por el momento, Paloma si que estaba entretenida. De pie en la sala de esa casa en construcción con el pequeño bote de pintura roja a sus pies y con la brocha firmemente sostenida entre sus manos, Paloma disfrutaba a plenitud de su travesura. La base de una pared estaba pintada con líneas rojas, y era ahí donde aparentemente Paloma había iniciado a probar sus dotes de incipiente pintora.

En una de las paredes la aptitud artística de Paloma comenzaba a tomar forma. Sin orden alguno y dibujados en diferentes puntos de la pared estaban corazones rojos y debajo de ese grupo de media docena de pequeños corazones estaba el nombre de Paloma, impreso pulcramente en pintura roja. Aparentemente satisfecha con su trabajo, Paloma recogió el bote de pintura y salió con ella de la sala para dirigirse a un pequeño corredor y a un cuarto adyacente para continuar con su labor.

Tiago entró a la cochera y echó en su bolsa de golf los palos recién utilizados. Se quitó los tenis que se habían manchado con el verde brillante del césped y en calcetas blancas caminó hacia el patio trasero donde estaba Wolf encerrado.

"Papá, ¿ya le diste de comer a Wolf?" gritó Tiago a través de la puerta de vidrio hacia la cocina.

"No, dale de comer tú," respondió Orpet mientras servía las bebidas para el almuerzo. "Aliméntalo y luego lávate para que almuerces."

Justo en el momento en que Orpet estaba a punto de preguntar a Elida sobre el paradero de Paloma, sonó el teléfono. Orpet terminó de servir la bebida y se aprestó a contestar.

"Hola....Sí, ¿Qué pasa?... ¿mi hija dice usted?"

"Elida soltó el cucharón y golpeó accidentalmente el salero con su movimiento de sorpresa. "!Oh, Dios Mío!" pronunció mientras se acercaba a Orpet.

"Voy para allá enseguida," dijo Orpet tranquilamente por el teléfono.

"Orpet, ¿Qué sucede?" pregunto Elida con preocupación y zozobra.

"Cálmate, no es nada serio. Era uno de los vigilantes que me reportó que Paloma estaba en una de las nuevas casas y que al parecer hizo algunos desmanes pero que ella está bien." Elida corrió de inmediato hacia la puerta principal.

"Esa Paloma es una calamidad," dijo Renata mientras cerraba la puerta y seguía al resto de la familia hasta donde se encontraba Paloma.

Paloma estaba de pie tranquilamente en la sala de la casa en construcción con la compañía nada agradable del guardia de seguridad. Elida entró primero, seguida de Tiago, Renata y Orpet. Todos quedaron pasmados al ver el estado en que había dejado Paloma las paredes. Se hizo un largo silencio en tanto que todos miraban a su alrededor con incredulidad. Esa escena recordaba a una galería de arte, pero al menos el vigilante, entre otros, no tenía en absoluto la intención de permitir galerías de arte en el fraccionamiento.

"Por favor dígale al administrador que me llame y trataré este problema con él más tarde," dijo Orpet al guardia con tranquilidad y resignación. Entonces tomó a Paloma de la mano y emprendieron la salida de la casa.

"!Wow!" ¡Es increíble!" dijo Tiago mientras miraba a su alrededor del cuarto.

"Vàmonos niños," gritó Orpet

"¿No te gustaría tomar fotos de todo esto?" comentó Renata con una sonrisa sarcástica

"Vamonos" insistió Orpet

Afuera, Orpet y Paloma caminaban sobre la suciedad y los escombros en dirección a la casa. Orpet no se veía visiblemente enojado pero ciertamente aquello tampoco era motivo de risa tampoco. Por su parte Paloma permanecía callada.

"¿Así que te gusta la pintura, verdad Paloma?"

Paloma asintió con la cabeza pero sin ver a su padre a la cara ni decir palabra alguna.

"¿Pero pintar en la casa de otras gentes?" continuo Orpet.

Paloma sólo respondió encogiéndose de hombros y

guardando silencio.

"No te entiendo a veces Paloma"

Mientras tanto, adentro de la casa, Tiago y Renata continuaban admirando el trabajo de su hermana. El guardia, nada divertido con lo que había pasado, comenzó a recoger los botes de pintura y las brochas. Elida por su parte observaba lentamente alrededor de la sala y luego atravesó el corredor y el cuarto adyacente.

Vio algunos corazones y flores pintados en la pared mientras caminaba en dirección a una ventana de la pared trasera, allí fijó su atención en unos ojos pintados con pintura roja. Conforme se acercaba, las palabras y figuras que aparentemente difusas se tornaban más claras. Por lo que alcanzó a leer lo siguiente:

"*Mamita. Te amo*
Un beso, Paloma"

Elida se dejó caer de rodillas en el piso desnudo y acerco su vista más a la pared. Quedó congelada sobre el piso por lo que acaba de leer. De pronto, la voz impaciente del vigilante la sacó de su ensimismamiento.

"Señora, voy a cerrar con llave la casa en este momento," le dijo el guardia.

Elida quedó viendo al hombre sin responder palabra alguna. Lentamente se levantó del piso y caminando silenciosamente salió de la casa.

Capitulo 4

Paloma nació un 11 de Junio del año de 1981
Para aquellos que buscan razones de vida en la astrología, esta fecha explicaría la personalidad de Paloma. Ella en realidad era toda una Géminis. De carácter dulce y tierno y encantadora mientras que su gemelo de signo, por momentos era temperamental, combativa y explosiva. Era también muy independiente, y frecuentemente un alma solitaria. Impecablemente limpia y organizada. Muy directa y sincera con sus deseos y anhelos, nunca mentía.

Auxiliadora sabía esto muy bien. Ella era muy cercana a Paloma, más cercana que nadie más en la familia. Auxiliadora era la sirvienta de la casa. Desde luego una sirvienta en Brasil es muy diferente a lo que es en Beverly Hills. La mayoría de las familias brasileñas de clase media cuentan con estas asistentes para realizar los quehaceres básicos de la casa y encargarse de los niños. Pero más allá de eso, y debido en principio a la naturaleza que caracteriza a las familias brasileñas, estas personas se vuelven parte de la familia. Por eso Auxiliadora ya era parte de la familia mucho antes que Paloma llegara a este mundo.

En Rua Campos Sales en Tijuca, cuando Lourdes dio a luz a su hijo Orpet Jr.., Auxiliadora estaba ahí para encargarse del niño que acababa de nacer. Ella entró a trabajar para Lourdes en esa famosa casa en donde vio crecer a muchos más. Su vida, como frecuentemente sucede, fue en diferentes direcciones hasta algunos treinta años después cuando consiguió otro empleo como empleada domestica, esta vez en un pequeño departamento de Sao Paulo.

El destino hizo que ahora ella trabajara para Elida, ¿coincidencia?, tal vez fue eso si tú crees de casualidad en las coincidencias. No fue sino hasta cierto día que iba a colgar una prenda de ropa en un armario cuando Auxiliadora se dio cuenta de la identidad del esposo de quien la había contratado.

Mientras buscaba un gancho para colgar la ropa, se topó con un nombre escrito en letras gruesas en el gancho: Orpet.

"Es curioso," le comentó a Elida, "Trabajé hace mucho, mucho tiempo en una casa de Río en donde el padre y el hijo tenían el mismo nombre de Orpet" Y así fue como Auxiliadora volvió a formar parte de la familia que vio a Orpet nacer y que ahora vería nacer a Paloma.

A Auxiliadora le encantaba cocinar y Paloma degustaba con verdadero placer cuando le horneaba pasteles de chocolate. Las dos reían y jugueteaban desde el amanecer hasta el anochecer en ese pequeño departamento en Sao Paolo. Auxiliadora era la perfecta compañera de juegos de Paloma y ambas se amaban profundamente.

Luego, cuando Orpet aceptó irse a Estados Unidos a la universidad de Stanford. la vida tomó otra dirección nuevamente y en esta ocasión Auxiliadora no pudo seguir a Paloma quien para entonces ya contaba con tres años de edad, Tiago siete, y Renata de nueve años.

Al igual que Río de Janeiro y muchas otras áreas de Brasil, la bahía de San Francisco es un área fascinante que combina majestuosamente océanos y bahías, puertos marítimos y buques de pesca, puentes e islas, montañas y laderas, y vida y cultura exótica. Y así fue que con gran emoción y anticipación la familia se mudó al norte de California.

Orpet se adelantó al resto de la familia y rentó una casa en Menlo Park. Meses después y toda vez que ya estaba familiarizado con los precios de las casas, se mudó a una casa en la ciudad cerca del campus de la Universidad.

La vida en California era magnifica. Aunque Orpet estudiaba seriamente de día y de noche, siempre hubo tiempo libre para el entretenimiento y las diversiones. Algunas veces viajaban a esquiar en las nieves del Lago Tahoe y fue su primera experiencia en la práctica de este deporte. Igualmente hubo viajes largos en carro a Los Ángeles y San Diego y visitas a Disneylandia y Mundo Marino. Y por supuesto hubo tiempo para compras, muchas compras.

A los brasileños les encanta ir de compras, pero cuando de pronto te ves en un país en donde puedes comprar lo último en aparatos electrónicos y electrodomésticos tu deseo de comprar aumenta notablemente. Y así fue que se podía ver a esta familia de plaza en plaza realizando compras sin parar. Como suele suceder normalmente con lo niños, Renata, Tiago y principalmente Paloma se adaptaron pronto a su nuevo hogar. Los tres estaban bien en la escuela, hicieron amigos y se involucraron rápido en las actividades propias de la vida estadounidense. Inclusive Tiago aprendió a jugar fútbol americano, teniendo como a su equipo favorito a los cuarenta y nueve de San Francisco. Por ser la más chica de los tres y a la vez la más temperamental, como toda una géminis, Paloma fue más lenta para adaptarse al nuevo estilo de vida. En los supermercados gritaba y se tapaba los oídos de terror cada vez que le hablaba una norteamericana en inglés. Con el tiempo, por supuesto, terminaría hablando más inglés que portugués por las exigencias de la vida diaria.

En el caso de Paloma, no tenía muchos amigos y eso era un serio problema para ella. Ella quería tener amigos, pero simplemente no lo lograba, excepto por Kamilah.

Kamilah era una niña de raza negra, como Auxiliadora, bueno no realmente, al menos no para Paloma. Para ella era de piel morena. Después de que Kamilah se mudara lejos, y antes de que Paloma hiciera lo mismo al regresarse a Brasil, las dos intercambiaban cartas. Un día Paloma recibió una foto de su amiga. Y ella presurosa se la mostró a otros niños con quienes jugaba con alegría y orgullo.

"Pero ella es negra," dijeron los demás niños al ver la foto.

"! No es negra!" gritó Paloma completamente enojada. "! Ella es morena!"

Después de este incidente Paloma corrió a casa muy furiosa y lastimada a contarle a su mamá lo que había pasado. Elida la escucho pacientemente y le aconsejó regresar con los demás niños a preguntarles si ellos conocían el color del interior de Kamilah. Paloma siguió el consejo y regresó a donde estaban los niños. Después de eso, Elida nunca supo realmente lo que Paloma les dijo a los niños pero lo cierto es que ella regresó a la casa con la satisfacción dibujada en su rostro y con la foto de su amiguita fuertemente aprisionada entre sus manos.

A Kamilah le caía muy bien Paloma a pesar de su carácter fuerte y autoritario, pero Kamilah la aceptaba como era y se lo expresaba de tierna manera. Comprendía y perdonaba a Paloma por sus ocasionales explosiones de carácter y apreciaba mucho más los buenos momentos que pasaba con ella que los malos momentos de la que era victima.

Cierta ocasión Lourdes y Dora llegaron de visita en el área de la bahía donde vivían, lo que les permitió a Orpet y Elida contar con una niñera extra y disponer de más tiempo para que ambos la pasaran a solas. Orpet no era particularmente amante de manejar hasta San Francisco porque normalmente tenía mucho por estudiar, y prefería salir con su esposa a lugares que estuvieran cerca de casa. Pero cuando se trataba de agasajar a su esposa e invitarla a comer mariscos frescos, hacía el viaje hasta donde fuera sin queja alguna.

En una tranquila calle no lejos del muelle, aprisionado entre una florería y una pequeña galería de arte, se localizaba una construcción de madera que nadie reconocería como un restaurante de no ser por el olor del pan horneado que se filtraba por debajo de la puerta de acceso. La primera vez que Elida supo de este lugar fue en su primer viaje a la ciudad cuando quedó atrapada por ese tufo tan agradable mientras recogía un bastidor en la galería de arte de junto. Ella se había detenido en el lugar pensando en la posibilidad de degustar rápidamente una sopa de pescado en el lugar. Pero en lugar de eso tuvo una experiencia virtual religiosa que la hizo volverse más asidua a ese restaurante.

El dueño del restaurante y único chef del lugar, preparaba un platillo especial a base de pan horneado relleno de una sopa de mariscos cocida al vapor, y un preparado de camarones, almejas, mejillones y trozos de bacalao y halibut. Todo eso junto con una copa de Chardonnay de California era más que suficiente para dejar satisfecho el paladar de Elida.

Otras veces, eran camarones, sólo camarones su platillo predilecto. A Elida le encantaban los camarones mientras que de cuando en cuando Orpet prefería probar Ostiones a la Rockefeller u otros platillos exóticos. Pero pese a la variedad de platillos y el sabor tan delicioso de todos ellos la elección de Elida siempre eran los camarones.

Antes de que hubieran cruzado siquiera los limites de la ciudad, Elida sabía a donde iban pero permaneció en silencio para no echar a perder las intenciones de que tenía su esposo de agasajarla con la sorpresa. Ya cuando tomaron el camino que ella sabía que los llevaba al restaurante optó por inclinarse y besarlo en la mejilla.

"¿Tienes hambre? Conozco un lugar" dijo Orpet

"Tú ya conoces todos los sitios que nos gustan, ¿verdad?"

Al llegar eligieron sentarse en una pequeña mesa sin nada del otro mundo. Pidieron una botella de vino, una ensalada Cesar y cócteles de camarones. Enseguida Orpet pidió escalfado de salmón de Alaska mientras que Elida optó por pedir más camarones. La noche continuo en una atmósfera agradable con la misma delicia con la que degustaban los alimentos. Poco después, ambos caminaron por la orilla de la bahía y Orpet colocó su brazo alrededor de Elida para protegerla de la brisa fresca de la noche. Un trasbordador atracó en el muelle, del que descendieron un grupo de turistas de la tercera edad. Orpet fijó su atención en uno de los ancianos y pensó en su padre y en los tiempos que pasaban en el agua y en las bahías de Río. En ese entonces él tenía que pedirle a su padre ir a la bahía a diferencia de ahora que él tenía todo el control de la situación.

El regreso a casa desde San Francisco fue más placentero de lo que Orpet pudiera haberse imaginado. Casi todo el trayecto sostuvo la mano de su esposa y con la ayuda de una estación de radio que sintonizaban en el estèreo del carro que había rentado hicieron del trayecto una experiencia agradable escuchando su música favorita.

Cuando llegaron a casa todo era oscuridad y silencio. Dora ya se había dormido en el sofá de la sala pero despertó cuando se encendió la luz de la cocina. Orpet se sirvió un vaso de agua mineral en la cocina mientras que Elida ayudaba a su madre a ir a su recamara. Él abrió las persianas de la puerta de vidrio y prendió la luz del exterior. Observó a la distancia, en el área de césped la bicicleta de Paloma. Dejó la luz encendida por un minuto mientras ponderaba si salía o no a meterla.

Elida entró a la cocina con Paloma lo que de inmediato irritó a Orpet.

"¿Que diablos sucede?" Exclamó él. "Se supone que deberías de estar dormida."

"No podía dormir Mami," contestó Paloma a su mamá ignorando a su papá.

"Toma un vaso de agua rápido y vete a dormir," respondió Elida

"Paloma," continuó hablando Orpet con voz irritada "¿Sabías que dejaste tu bicicleta allá afuera en el césped?"

"Oh no, creí que tenía todo organizado," contestó Paloma

Caminó con su vaso de agua hacia la puerta de vidrio para

echar un vistazo y confirmar lo que había dicho su padre. Luego puso el vaso sobre el piso y procedió a abrir la puerta.
"¿Qué haces?" le preguntó Orpet.
"Paloma, puedes meter la bicicleta mañana," Dijo por su parte Elida.
"No. Lo tengo que hacer ahorita"
Orpet salió de la cocina disgustado por toda esta escena. Y Elida caminó hacia la puerta mientras Paloma salía y le dijo:
"Pero está oscuro Paloma"
"No me da miedo la oscuridad. No tengo miedo de nada" Elida no quedo satisfecha con esa respuesta. Paloma había mostrado muchas veces su espíritu imbatible, pero a esa hora, cuatro y media de la mañana, parecía demasiado. Elida mientras tanto veía con incredulidad la manera en que Paloma atravesaba el campo en medio de la oscuridad para ir por su bicicleta. El corazón de Elida latía de prisa mientras esto ocurría aunque en realidad en el fondo sabía que no era nada para preocuparse de más. La noche era tranquila, el área era segura y Elida alcanzaba a distinguir a Paloma claramente. Finalmente, la sonrisa volvió a su rostro al ver a Paloma regresar con su bicicleta. Paloma sonreía también. Orpet, que regresaba a la cocina para poner su vaso en el fregadero, toda esa escena no le producía gracia alguna.

Algunos meses después, luego de vivir casi por dos años en California, ningún miembro de la familia estaba sonriente de empacar y embarcar todo de regreso a Brasil. Orpet había terminado exitosamente una vez más, su trabajo en Stanford y la Marina lo necesitaba de regreso en Sao Paulo. Era el momento de empacar todos los recuerdos y buenas experiencias adquiridas durante su estancia y dejar atrás el esfuerzo por adaptarse a esa nueva vida en otro país. Renata regresaba a su país con el grupo de trofeos ganados en competiciones de natación... Lo mismo hizo Tiago con su playera de los 49`s de San Francisco y Paloma con la foto de su amiga Kamilah. Pero también los tres regresaban a su país con la fluidez de su inglés.

Por su parte Orpet regresaba con muchos conocimientos adquiridos en Stanford y con algo de peso extra en su humanidad como parte de su agradable estancia en el país. En cuanto a Elida, ella diría, como muchos lo hacen, que al partir dejaba su corazón en San Francisco.

Capitulo 5

Después de haber pasado navidades en la nieve del norte de California, la navidad en Brasil ya nunca sería lo mismo en los años por venir. Los recuerdos de los días helados y las montañas nevadas de Lago Tahoe habían quedado atrás y ahora era el momento de enfrentar las altas temperaturas tan típicas en épocas decembrinas de Río y lo único blanco por ver ahora sólo serían las arenas de sus bellas playas.

Las navidades tampoco serían lo mismo para Elida aunque por distinto motivo ya que fue precisamente un 25 de diciembre cuando falleció su padre de manera repentina. Este lamentable acontecimiento transformó la vida de Elida y su percepción ahora agridulce de tan especial fecha. No obstante, la vida seguía y ante la proximidad de la noche buena Elida trataba de estar en su mejor ánimo y ser festiva, principalmente por sus hijos. Envolvía regalos junto con su hija Renata dejando la tarea de colocar los listones a Paloma. Eran los preparativos previos para el largo viaje a Río en donde la navidad se celebraría en la casa de Lourdes en la Rua Campo Sales.

"Elida," gritó Orpet desde la oficina, "¿puedes venir por favor?".

"Enseguida voy," respondió ella mientras le hacía el nudo a uno de los regalos.

"Elida, ¿Qué significa este cargo de $36 dólares que viene en el estado de cuenta de la tarjeta de crédito?" le pregunto él mientras Elida entraba a la oficina. "Aquí aparece el nombre de la tienda pero no encuentro el recibo."

"Orpet, ¿Por qué se te ocurre precisamente en esta fecha de navidad ocuparte de esas cosas?"

"¿Por qué? Pues simplemente porque yo no creo que Santa Claus vaya a pagar mis deudas por mi, esa es la razón."

"Él podría hacerlo si es que tú te hubiera portado bien en el año," contestó ella mientras se acercaba al escritorio.

"No te hagas la graciosa. El cargo está aquí," señaló él, "y no hay ningún recibo. ¿Cuantas veces tengo que decirte que guardes los recibos?"

"Debe estar por ahí en algún lado. Luego lo busco, pero no ahora."

"Sólo te pido que pongas todos los recibos en este sobre y nos evitaremos problemas. ¿Qué tan difícil es hacerlo?"

"Eso no es ningún problema, Orpet." Respondió Elida mientras se apartaba del escritorio. "Sólo relájate. Hoy es Noche Buena, y un excelente motivo para estar feliz."

"Está bien; sólo una cosa más. Tengo aquí un recibo de pago de las clases de natación de Tiago, dos sesiones por semana. Como es posible que se tenga que pagar este recibo cuando no lo vi que fuera a ninguna clase esta semana?"

"Es verdad. No lo lleve esta semana."

"¿Por qué no?"

"Simplemente no fuimos"

"Espera un segundo. Estoy pagando por lecciones de natación a las que él no va. Que bien, eso si que está muy bien."

"Él irá la próxima semana Orpet."

"Ese no es el caso...."

"Olvídalo Orpet," respondió enojada Elida. "Él irá la próxima semana. Sólo paga el maldito recibo."

Furiosa salió Elida de la oficina y Orpet se levantó de su asiento para ir detrás de ella. Justo en ese momento Paloma se acercó para interponerse entre ambos y reclamarles:

"! Dejen de pelear, estamos en Navidad!" dijo con voz autoritaria.

Luego de la tormenta llegó la calma y finalmente Orpet se aprestó a cargar el equipaje al carro no sin antes preguntar por el estado de ánimo de la familia.

"¿Está todo mundo feliz?"

Era ya una pregunta clásica que Orpet rutinariamente y por tradición siempre formulaba a la familia antes iniciar un viaje y sólo hasta que se confirmaba un buen estado de ánimo general se procedía a partir de viaje. Un "Sí" colectivo se escucho retumbar en el interior del carro dando el visto bueno para la partida y hasta Elida esbozó una leve sonrisa y asintió con la cabeza.

El viaje de Sao Paulo a Río era de aproximadamente seis horas y tan frecuentes eran los viajes que ya se habían convertido en toda una rutina. Habían partido de casa lo suficientemente temprano como para llegar al departamento de Dora al mediodía de visita y aprovechar para almorzar con ella, y contar con tiempo suficiente para comer con los hermanos de Elida por la tarde y dejar todo listo para la fiesta de noche buena en la casa de Lourdes por la noche.

La conversación en el carro se centró principalmente en platicar acerca del padre de Elida y lo triste que fue que su muerte aconteciera en estas fechas tan especiales. Elida recordaba junto con los niños vividamente los detalles de ese funesto día, especialmente Renata, que se dedicó a consolar a su madre y abuela todo ese día.

"¿Creen que el abuelo esté en el cielo?" preguntó Paloma sin dirigirse a nadie en particular.

"Yo rezo porque así sea," respondió Elida

"¿Y que tal si no está en el cielo?" dijo en voz alta Tiago. "¿Qué pasaría si cuando te mueres te quedas en la tierra sepultado y comido por los bichos?"

"Eso es asqueroso, Tiago" respondió Renata.

"Bueno, quizás sea verdad," replicó él. "¿Tú que opinas Papá?"

"No estoy seguro," contestó Orpet concentrándose más en el camino que en la conversación. "Creo que lo más asombroso del hecho de morir es que nadie sabe lo que sucede hasta que sucede, y no hay modo de saberlo antes. Sólo piensa en todo lo que se ha escrito, leído, comentado y dicho con respecto a este tema. No importa que tanto se diga del tema lo cierto es que nadie sabe ni sabrá lo que sucede con uno después de morir."

"Eso es lo que nos hace a todos igual," respondió Renata, coincidiendo con el punto de vista de su padre. "Es lo que nos hace igual a todos de ignorantes al respecto"

"Yo no soy ignorante," dijo Paloma

"No dije que lo fueras," le respondió Renata con una sonrisa, "Sólo dije que todos somos como dijo Papá que éramos, todos iguales al ignorar lo que pasa después de la muerte"

"Pero no soy ignorante," insistió Paloma.

Luego de agotado el tema, la conversación se desvío hacia asuntos de la familia y a un juego de preguntas y respuestas para ver si los niños se acordaban de los nombres de los hermanos y hermanas de Orpet así como sus respectivos hijos. Era un total de diez entre hermanos y hermanas y un total actual de diecisiete niños, y para sorpresa de Orpet, cada uno, incluyendo Paloma acertaron al nombrarlos sin error alguno. Incluso Renata mencionó las edades de todos los hijos correctamente y cuando terminó de hacerlo justo entonces iban llegando a Río. La ciudad se veía más llena de gente que la última visita. Era lógico que cada año que pasaba se viera más gente, más carros, más basura y se escuchara más ruido, pero aún así nada opacaba su belleza. Mientras manejaba por la bahía de Botafogo, Orpet observaba el teleférico ascendiendo a la cima de la Sugar Loaf (Pan de Azúcar).

La estancia del mediodía en casa de Dora fue placentero y alegre a pesar de que por momentos la atmósfera se tornaba triste al venir a la mente recuerdos del padre de Elida. Dora, que aparentaba ser la más alegre, servía aperitivos y ensalada de puré de papá mientras Orpet preparaba algunas bebidas. Se sentaron, comieron, bebieron y platicaron hasta casi las 8 de la noche, cuando Orpet le recordó a Elida, y luego le insistió, de que era el momento de partir a casa de su madre.

Una reunión familiar en la Rua Campos Sales no era para Elida precisamente un paseo por el parque. La convivencia con una anciana viuda, diez hermanos de edad, y media docena de esposos y esposas más todo un equipo de fútbol de niños, era lo que pudiéramos decir toda una telenovela casera, en la que Elida solo era un personaje más de la obra. Se discutían en esas reuniones los asuntos familiares más intrascendentes, incluyendo incidentes del pasado y por momentos surgían comentarios sobre los atributos y celotipia propia de quien decía tener la mejor casa, pareja e hijos dentro del seno familiar.

Pero también se respiraba mucho y genuino amor en la familia ese día de navidad. Lourdes había preparado una cena esplendida conformada por empanadas de camarones, arroz, frijoles negros, salchichas a la parrilla, pavo, variedad de guarniciones, abundante cerveza y vino y licor más fuerte para aquellos que lo solicitaran. De postre había pasteles de frutas, flan, helados y refrescos preparados de café y licor.

Los niños se divertían a lo grande corriendo por la casa sin parar y sin preocuparse del rechinido del viejo piso que se cimbraba bajo sus pies. Jugaban y golpeaban un viejo piano y hacían bromas y provocaciones a los perros pastores alemanes que estaban bajo llave.

En uno de los muchos círculos de gentes platicando por distintos puntos de la casa, Elida, apoyada sobre un librero y con una copa de vino en sus manos, platicaba amenamente con su cuñada.

"Los niños están bien," decía Elida, "Me imagino que así es."

"¿Que quieres decir con eso de que te lo imaginas"

"Bueno, realmente no lo sé, pero supongo por lo que veo que están muy bien."

"¿Por qué lo dices?"

"Lo digo por Paloma. Es difícil de explicar e incluso más complicado de entender. Es que es tan compleja. Me refiero a que Renata y Tiago parecen más simples de entender. Ambos son abiertos y desenvueltos, bonachones y nunca dan guerra. Ambos van muy bien en la escuela y se interesan mucho en sus amigos y actividades. Parecen estar felices, Pero Paloma parece tan agitada en ocasiones. Hace berrinches tan increíbles que no te los puedes imaginar. Tú lo has visto, la mayor parte del tiempo, especialmente cuando ella está conmigo, es tan cálida y encantadora, pero cuando está con los demás, su humor cambia. Es como si una personalidad completamente diferente entrara en su cuerpo en esos momentos. Hasta da un poco de miedo."

"Paloma se siente cómoda cerca de ti, eso es bueno. Simplemente ese mismo nivel de comodidad no lo ha alcanzado cuando está cerca de los demás. Pero llegará ese momento. Es parte de su madurez. Toma en cuenta que sólo tiene 7 años y medio.

"Lo sé, pero no es tanto por su edad, sino que pareciera que algo le molesta. Sus cambios de humor están definitivamente relacionados con algo que está pasando con ella o alrededor de ella, pero eso nunca pasa mientras está conmigo."

"¿Como le está yendo en la escuela?"

"Va bien. Le encanta la escuela y particularmente el arte.

Siempre llega de la escuela muy emocionada a mostrarme sus dibujos. Como te dije, cerca de mi ella está siempre excelente de carácter. No sé, tal vez estoy viendo problemas donde no los hay y quizás estoy exagerando."

"¿Y que dice Orpet de todo esto?"

"Tú lo conoces; él no es de muchas palabras. Se enoja con ella cuando se porta mal pero su enojo no dura mucho. Ella responde con amor y comprensión, no con rudeza. Ella es simplemente diferente, eso es todo. No me preocupo, sólo deseo que se desarrolle adecuadamente, que sea feliz, eso es todo. Y mientras tanto Orpet es duro con ella, cuando creo que es muy fácil poderla entender. No puedo disciplinarla porque, como te he dicho, cerca de mi no tengo queja alguna de ella."

"Tienes que ser paciente, Elida, Ella está muy chica. Necesita tiempo para crecer y aprender a expresarse con mayor madurez. Tú me conoces, soy una gritona y tengo mi carácter muy fuerte también. Al diablo!, simplemente pregúntale a Lourdes como soy. No, mejor no porque es Navidad. Dejémosla sola mejor. De cualquier modo. Creo que es mucho más saludable que abras la boca y digas lo que tengas en mente que reprimirte y quedarte callada. Paloma tiene muchas cosas en su cabecita. Es brillante e inteligente y obviamente ella sabe lo que quiere y no tiene miedo de que lo sepa el mundo. Eso es saludable. Déjala ser. Con el tiempo aprenderá a enfocar toda esa energía de manera positiva."

"¿Así lo crees?"

"Desde luego. Olvídalo. Mejor tomemos algo más de vino."

Las dos se dirigieron a la cocina en donde Orpet platicaba con su hermano. Elida se sirvió de la botella de vino ante la indiferencia de los hermanos que preferían beber whisky.

"Hey tú, Sra. Arquitecta," le dijo jocosamente el hermano de Orpet, "Ya no supe si finalmente compraron el terreno que buscaban para construir su casa."

"Bueno, ya conoces al poco comunicativo de tu hermano." contestó Elida

"Así es. Tengo que leer los periódicos para estar al día en lo que él hace. Así, que dime ¿que clase de casa planeas construir?"

"Oh, bueno ya lo llegarás a ver," respondió Elida. mientras salía de la cocina adoptando la misma actitud de misterio que su esposo.

"Básicamente todo el diseño es de ella," explicó Orpet a su hermano. "Ella tiene el diseño bien delineado. Yo me involucraré solo cuando se inicie la construcción. La parte difícil será establecer el contacto con los contratistas y es ahí en donde yo entraré. No me preocupa en donde quedaran las recamaras o el tipo de grifos para los lavabos. Yo me encargaré sólo de vigilar a los contratistas y ver todo lo relacionado con el pago de facturas.

Renata y su prima, adolescente como ella, entraron a la cocina y cada uno tomó un refresco. El par de primas, altas, delgadas, y muy atractivas habían estado juntas toda la noche y seguían atrapadas en su tema de discusión acerca de la vida de adolescentes en Río y Sao Paulo.

"Ella es una buena chica," le dijo Orpet a su hermano mientras se servía algo más de whisky y agregaba algunos cubos de hielo más a su vaso. "Si que lo es. Además de muy inteligente y capaz. Tiago también, tiene el mismo rasgo de carácter y personalidad."

"Y....."

"¿Y qué?"

"¿Y Paloma?"

"Paloma es otra historia."

"¿Qué quieres decir?"

"Es difícil de explicar. Ella no es una chica fácil de ningún modo. Tiene una personalidad poco usual y muchas gentes, incluido yo mismo, tienen dificultades para relacionarse con ella. Pero no es algo que realmente me preocupe. Paloma tiene su propio rasgo de inteligencia. Ella percibe las cosas de diferente manera que lo hacen los niños normalmente. Eso la llevará lejos. Fíjate en lo que digo, esta chiquilla, muy a pesar de lo que los demás puedan pensar, va a llegar muy lejos y está hecha para cosas grandes en la vida."

"¿Quién está hecha para cosas grandes?" preguntó Elida mientras regresaba a la cocina.

"No importa," dijo Orpet, mientras se ponía de pie para estirar las piernas.

"¿Que pasa en el comedor Elida?"

"Lo mismo de siempre, ya sabes."

Orpet tomó a su esposa de la mano y entró al comedor en

donde Lourdes trabajaba diligentemente sirviendo los postres a sus nietos. Los más grandes jugaban en los dos cuartos de atrás mientras otro grupo de niños más grandes permanecían sentados en las escaleras platicando en privado. Justo cuando Orpet estaba a punto de servirse algo de postre, se escuchó algunas palabras desde la recamara seguidas de un gritos y chillidos. De inmediato Orpet se aprestó a ir a la fuente de donde provenían los gritos

"Orpet, por favor," trató Elida de advertirle, "Tómalo con calma."

"¿Qué fue eso?" preguntó uno de los adultos desde la cocina. "¿Quién está gritando?"

"¿Quién crees?" dijo otro. "Debe ser Paloma."

Elida escuchó por casualidad el comentario, pero conteniéndose para no contestar de mala manera, prefirió darse la vuelta y alejarse.

"¿Qué sucede aquí?" preguntó Orpet de mal modo mientras entraba al cuarto, justo el mismo cuarto en donde había crecido.

De pie se encontraba Paloma en una esquina como una estatua de piedra con sus brazos cruzados en su pecho mientras que su primita yacía sentada en el piso, llorando y pateando algunos juguetes desparramados en el cuarto.

"Ya no voy a jugar con ella más" dijo Paloma.

"Estas niñas no pueden estar sin hacer travesuras. Es un desorden todo esto. ¡Quiero irme a casa ahora mismo!"

"Desde luego que si," respondió su papá. "Te irás a casa ahora mismo y no irás jamás a ningún otro lado."

"Si. Así lo haré," Dijo Paloma aún con los brazos cruzados.

"¿Qué dijiste jovencita?"

"Dije que así lo haré," repitió Paloma en voz alta.

"Lo que debes hacer es ayudar a limpiar aquí, Paloma."

"! No!" respondió la niña con voz firme.

"Paloma miró a su padre pero sin decir palabra alguna. La paciencia de Orpet había tocado fondo. Lleno de furia tomó a Paloma del brazo y la llevó a la mitad del cuarto. Como respuesta los gritos de Paloma retumbaron por toda la casa.

"Cuando hayas terminado de limpiar este cuarto y te hayas disculpado, Paloma, podrás venir al comedor y juntarte con tus primas y comer algo de postre. Así que hazlo, ahora mismo."

"¿Que sucede?" le preguntó Elida a Orpet cuando regresó al comedor.

"Es parte del programa," le respondió a ella y a los demás mientras se servia algo de postre nuevamente.

"Conozco el temperamento que tiene Paloma querido, pero ya te he dicho que debes ser tranquilo con ella algunas veces," le murmuró Elida a Orpet en privado.

"¿Tomarlo con calma?"

"Si. No debes pegarle."

"¿Pegarle?, No lo hice. Escucha Elida, Paloma aprenderá a ser paciente y a controlar su temperamento. No necesito enseñarle o decirle como actuar. Ella lo sabe. Ahora ¿podrías servirme algo de crema, por favor'"

"No me parece bien, Orpet"

"Por favor Elida, ya no quiero hablar más del tema."

Orpet tomó asiento en un extremo de la mesa mientras un silencio expectante reinaba en el ambiente. Lourdes trató de aligerar la situación instando a todos a que se sirvieran el postre para dejar atrás la escena. A los diez minutos entró Paloma al comedor y diplomáticamente se acercó a la mesa. Luego estratégicamente se sentó en una de las piernas de Orpet. Él instintivamente bajó su taza de café y levanto de su lugar a Paloma.

Mostrando signos de arrepentimiento por su confrontación con Paloma, Orpet decidió, viendo que Paloma ya había cumplido con la tarea asignada, simplemente olvidar el incidente.

"¿Qué quieres de postre, Paloma?"

"Lo que tu estés comiendo Papá"

"Déjame servirte," se ofreció Lourdes. "¿Quieres un poco de crema?"

"Si por favor," respondió la niña educada y dulcemente, sin ningún rastro de molestia en su rostro por el incidente vivido momentos antes.

Capítulo 6

El cielo era de un azul casi perfecto, lo que es muy típico de la primavera en Brasil. Algunos nubarrones suspendidos en el aire, no eran lo suficientemente grandes para esconder al sol brillante que brillaba con generosa calidez. A la mitad del patio, absorbiendo estos afectuosos rayos estaba un majestuoso árbol. En realidad, llamarlo árbol sería injusto, más bien era una fascinante y complicada escultura de ramas, que dobladas y torcidas parecían alejarse del robusto y fornido tronco.

Cualquier jovencito podría ascender por él a través de su masa de extremidades divergentes, y lo mismo podría hacer cualquier pájaro cantor ávido de encontrar y anidar en un sitio que fuera solitario y un remanso de paz entre todas estas intrincadas ramas, pero siempre y cuando, por supuesto, no se cruzara ningún jovencito en su camino. Por el momento, sin embargo, el único ocupante era una cálida brisa que soplaba y tiraba suavemente las hojas que encontraba a su paso.

Diseminadas a los pies de este árbol, y de algún modo privadas de los rayos del sol, pero saludables y vibrantes, estaban las rosas más delicadas que se pudieran haber visto. Sus colores como un perfecto tejido multicolor dotaban a estas flores de vividos colores rojo, amarillo, rosa y blanco. Y las demás plantas que residían en el patio parecían guardar reverencia a la hermosura de estas flores

El patio estaba perfectamente pavimentado con ladrillos rojos perfectamente tendidos, adornados con líneas brillantes de pintura blanca, contrastando ambos con la combinación verde y café del majestuoso árbol que se erigía al centro del terreno. Los contrastes en edad, color, forma, espacio y perfil creaban en su conjunto un pequeño pacifico e idílico rincón del mundo.

Elida le daba algunos toques finales a una de las rosas que pintaba mientras las manecillas del reloj de pared de la oficina marcaban las tres. Había estado trabajando pintando desde el mediodía y en total desde hacia tres meses en ese proyecto. Quizás dos o tres sesiones más sería suficiente para concluir con el cuadro y entonces abocarse a decidir su destino dentro de la casa.

El autobús escolar de Paloma llegaba a las tres y diez por lo que Elida se aprestó a enjuagar sus pinceles y de prisa se encaminó hacia la puerta. La parada del camión estaba a unos cuantos metros de la casa, pero Elida se movía con rapidez para evitar llegar tarde. Paloma no era muy afecta de viajar en autobús a casa desde la escuela. Por lo tanto, Elida sabía muy bien que cuando no podía ir a recogerla en su carro y hacer el trayecto de 15 minutos hasta la escuela, tendría que por lo menos ser puntual al recogerla en el parada del camión para evitar el fastidio de la niña.

El minibús de color oro atravesó la puerta de entrada al fraccionamiento ante el visto bueno de Salvador, el guardia de acceso, esto mientras Elida platicaba con un vecino acerca de la nueva casa club a construirse a un lado de la piscina. El minibús, con un tamaño equivalente a la mitad de un autobús escolar normal, proporcionaba servicio de transporte a los niños de la comunidad y de una comunidad aledaña. Pasaba por el lago cuando Elida alcanzó a distinguirlo a lo lejos hasta que éste lentamente fue bajando la velocidad para detenerse justo dónde ella esperaba ansiosamente a su pequeña.

Rutinariamente, Paloma era la primera en bajar del minibús. Cuando las puertas se abrieron Paloma descendió los escalones con una amplia sonrisa y buen humor lo que permitió a Elida deducir que todo había marchado bien en la escuela. En el primer grado en la escuela, Paloma enfrentó algunos problemas que hicieron que su estado de ánimo no fuera el mejor para aplicarse adecuadamente en sus estudios, pero fue progresando significativamente en el segundo grado, gracias en parte a lo extremadamente paciente y cariñosa que era su maestra.

"¿Qué traes ahí?" le preguntó Elida a la niña con respecto a la muy abultada mochila que cargaba.

"Mamá, tengo muchos dibujos que mostrarte. Hoy fue mi

clase de arte y trabajé demasiado."

"Que curioso. También hoy fue día de arte para mí. Pasé mucho tiempo pintando. Ya casi terminé. ¿Por qué no vamos a casa y le echamos un vistazo al trabajo que hicimos las dos hoy?"

"Grandiosa idea," dijo Paloma.

Mientras se dispersaba el grupo de padres y niños en la parada de autobuses, Elida y Paloma tomaron rumbo hacia casa mano con mano. El sol brillaba en lo alto intensamente a pesar de que una hora antes había llovido, también algo muy típico en brasil durante el mes de abril. Paloma brincaba con destreza varios de los charcos de agua que se había formado y Elida le mantenía el paso haciendo lo mismo. Conforme se acercaban a la casa, Renata las rebaso a ambas con su bicicleta; y les grito que iba para casa de una amiga. Ahora ya con una edad de catorce años, Renata parecía pasar más tiempo en casa de sus amigas que en su mismo hogar.

"Regresa a casa para las 4:00," le grito Elida pacientemente, y es que ya se había dado cuenta que solo con paciencia es el único modo de poder entender a los adolescentes. "Hoy cenamos temprano esta noche, y voy a necesitar que me ayudes, por favor."

Tiago, de doce años y todavía sin esa ansia por estar en casa de amigos, estaba sentado a solas en el sofá de la sala. Con un ojo en su libro de historia y con el otro echándole un vistazo a la televisión.

"Debes apagar la televisión cuando estés haciendo tu tarea, Tiago." Le dijo Elida mientras entraba a casa en compañía de Paloma. "Ya sabes que esa es tu obligación."

"No estoy haciendo tarea, Mamá, sólo estoy viendo televisión."

"Muy gracioso," contestó Elida mientras se encaminaba hacia la cocina. "Tiago, ¿en dónde están las galletas de chocolate que deje arriba del refrigerador? Estoy segura que los debes haber visto."

"La verdad si los vi, Mamá. Estaban deliciosos."

"¡ Tiago! le gritó Elida molesta, "Bien sabes que si tu padre estuviera aquí haría que devolvieras esas galletas de nuevo a su lugar donde los tomaste."

"Pero Orpet no estaba en casa, y no estaría por algún tiempo, por lo que el incidente de las galletas hasta ahí quedo. Orpet tenìa asuntos más importantes que tratar que preocuparse por galletas, ya que la marina lo había enviado a Europa a una conferencia sobre pruebas e investigación nuclear.

"Mamá, vayamos mejor a ver los dibujos," le insistió Paloma a Elida mientras ésta hurgaba en la cocina. "Olvídate de las galleta Mami; sólo ven conmigo para que le eches un vistazo a los dibujos."

"Adelántate, Paloma. Tengo que buscar algo más para el postre de esta noche, algo que podamos comer mientras Tiago esté lavando los trastes."

"Ya oí," replicó Tiago.

"Pues se suponía que tenías que escucharlo, Tiago, acuérdate que la comida es a las 4:00, ¿OK.?. Tú y Renata tienen catecismo a las 5:00 y Paloma tiene su clase de baile así que por favor sean puntuales"

"¿Sabías que Renata no está? Se fue a la casa de Allison."

"Ya lo sabía, me la topé cuando se iba en su bicicleta pero estará en casa a tiempo."

Elida entró a la oficina en donde Paloma la esperaba sentada ante el caballete de su madre contemplando el cuadro que estaba pintando.

"Es muy hermoso, Mami. ¿Qué nombre le vas a poner?"

"Aún no estoy segura. ¿Que opinas al respecto?"

"¿Cómo le llamaría?...No se me ocurre nada."

"Está bien, Paloma; dejémoslo así. El arte tiene la virtud de atraparte. De pronto nos quedamos atrapados, mirándolo, contemplándolo, sintiéndolo y después de eso el nombre llega solo. Cualquier nombre cae de un árbol como lo hace cualquier hoja."

"Mira mis dibujos, Mamá," dijo Paloma mientras habría su carpeta para mostrárselos a Elida. "Este dibujo de una flor lo hice con crayones, pero debí haber utilizado marcadores. Lo que pasa es que no puedo dibujar rosas como tú lo haces pero finalmente creo que eso es lo de menos."

"Pero Paloma, tú..."

"Mira esto," continuó Paloma emocionadamente, "Este es el libro que yo termine de colorear."

"¿Las aventuras de Wolf?"

"Así es, es un libro acerca de nuestro perro. Mira, aquí está él en el patio y aquí está con Tiago."

"¿Ese es Tiago?"

"Claro. Ve los tenis azules. Es él. Y mira este. Este es Wolf ladrando a un lado del lago. Divertido, ¿verdad?"

Paloma continuó describiendo los detalles de su libro pero los ojos de Elida no despegaba su vista de un pedazo de papel amarillo que estaba en la carpeta y con un dibujo realmente impresionante.

"¿Cuál es este dibujo?" preguntó Elida.

"Ese es especial, Mami." respondió Paloma apartando el papel lejos de su madre sin decir más palabras.

"Paloma, es muy hermoso. ¿Lo hiciste tú?"

"Sí Mami"

"Pero no sabia que pudieras hacer algo tan encantador y tan especial..."

"Te lo dije Mamì, que voy a ser una artista."

"Tú ya eres toda una artista, Paloma."

Justo a las 5:00 en punto, Tiago llegó puntual a su clase de religión en el salón principal de la Iglesia de los Ángeles y respetuosamente saludó a su maestra, la Señora Santiago. Ella era una dama refinada de ojos negros distintivamente expresivos y pelo canoso, era una pensadora católica liberal que enseñaba religión de una manera distinta a lo tradicional ya que permitía a los niños expresar libremente sus curiosidades y necesidades más que inducirlos o decirles lo que estas curiosidades debieran ser.

Renata se sentó enfrente de la clase en un pequeño cuarto sin ventanas que se localizaba en una de las alas traseras de la iglesia. Esta construcción era un edificio de estilo modernista y carente de todo tipo de representación histórica y profundamente religiosa, lo que significaba algo fuera de lo común de acuerdo a la típica iglesia tradicional.

A Orpet y Elida les agradaba este concepto de iglesia por su tendencia liberal y contemporánea y por ello, ambos contribuían, siempre que podían, financieramente en su mantenimiento. Ambos no asistían a misa regularmente y eso era algo que no dejaba muy satisfecha a Elida por sentir que actuaban con hipocresía al insistirles a sus hijos que si lo hicieran. Renata y Tiago asistían regularmente a sus clases de religión, pero no Paloma.

Por la noche, Renata y Tiago trabajaban independientemente en sus respectivas tareas escolares y de la iglesia. Solos en sus respectivos cuartos. Por su parte, Paloma hacía su tarea como siempre, con presteza y organizadamente. Organizaba con mucho cuidado sus libros y papeles en los cajones de su pupitre y aprovechaba para sacar una hoja blanca de papel en donde escribir.

Elida pasaba por el corredor y se detuvo afuera del cuarto de Paloma.

"Ya es casi hora de apagar las luces, Paloma, Ya termina"

"Mamá, ¿tendré que ir a la iglesia a aprender religión cuando crezca?" preguntó Paloma mientras tapaba el papel en el que había escrito algo.

"Desde luego, ¿Te gustaría orar conmigo antes de irte a dormir?" preguntó Elida.

"No," contestó Paloma tan tajante que sorprendió a Elida.

"Bueno, está bien si no quieres," dijo Elida después de una pausa, "de todos modos yo si voy a orar."

Elida se metió a su recamara y antes de orar, llenó la bañera con agua caliente y aceite de baño. Se quitó la ropa y la colocó en el toallero. Y finalmente, antes de meterse a bañar, precedió a colocar el teléfono cerca de la bañera por si acaso Orpet llamara desde Europa, como lo hiciera regularmente una vez por día.

Elida se relajó en la bañera por cerca de treinta minutos mientras hablaba con Orpet por teléfono. Cuando abrió la puerta del baño para colgar el teléfono, literalmente pisó una hoja de papel que habían colocado estratégicamente en el piso justo afuera del baño. Tomó la hoja cuidadosamente y se sentó en la cama a leerlo.

"Mamá, por todos estos años
Te doy las gracias en este día"

E de Esperanza
L de Locura
I de Inspiración
D de Dulzura
A de amor

E - esperança
L - loucura.
i - inspiração
D - doçura
A - amor

O teu nome estára gravado com migo até o fim da vida

*"Tu nombre estará grabado en mi
Hasta el final de mi vida"*

Elida permaneció inmóvil en la cama, admirando la sorprendente belleza de las palabras y pensamientos que Paloma había escrito. Leyó la hoja de papel una y otra vez antes de ponerse finalmente de pie. Con la hoja firmemente asegurada en la palma de su mano, salió de su recamara y se dirigió al cuarto de Paloma.

"¿Estás dormida?" susurró Elida a Paloma mientras entraba al cuarto.

"No" contestó Paloma en medio de la oscuridad.

"Ven a mi cama por un momento, Paloma," sugirió Elida mientras la ayudaba a levantarse de su cama.

Las dos se encaminaron al cuarto de Elida, y de inmediato su mamá comenzó a preguntar acerca de la nota, pero Paloma no dijo palabra alguna. Las dos se metieron a la cama y Elida continuó preguntando, tierna y curiosamente, el motivo que la había orillado a escribir el mensaje que le dirigió, pero misteriosamente para Elida, Paloma no respondió nada.

"Voy a orar," le dijo Elida a Paloma. ¿Te gustaría hacerlo también?"

"No," respondió de nuevo Paloma

"Muy bien," contestó Elida y comenzó a orar en voz alta "Padre nuestro que estás en los cielos, santificado sea tu nombre..."

"Ora y pide por ti misma," interrumpió Paloma, brusca pero educadamente. Elida continuó orando en el mismo tono, esperando que Paloma se le integrara, pero no lo hizo.

Capítulo 7

"Haz que mi cuarto sea más grande en tu croquis" le decía Renata a Elida mientras se asomaba a la oficina en donde su madre diligentemente dibujaba las finas líneas de su diseño. "Y asegúrate que haya por lo menos un enchufe de teléfono y por lo menos cinco contactos eléctricos."

"¿Para que quieres tantos contactos?"

"Uno para mi secadora, otro para mi estéreo, otro para mi televisión, otro para mi computadora, y el último que quede extra para emergencias."

"¿Emergencias?" Eso es nuevo. Y espera un segundo, tú no tienes tu propia computadora."

"Pero estoy consiguiendo una. Papá ya me prometió una para mi cumpleaños."

"¿Te lo prometió? ¿Cuantos vas a cumplir que vas a ser tan privilegiada?"

"Quince."

"¿Quince? ¿Sabes de casualidad el tipo de computadora que tenía cuando tenía quince años?

"Por supuesto no existían las computadoras cuando eras un adolescente Mami. No creo que ni siquiera hubiera radios o televisiones."

"Tienes razón. Por esa razón es que dibujo también. Todo lo que tenía de niña era un lápiz roto y una hoja de papel. El cuarto que compartía con mi hermana ni siquiera tenía un contacto eléctrico porque no teníamos electricidad en aquellos días tampoco."

"Vaya que divertido Mami."

"De todos modos, no es labor del arquitecto colocar los contactos eléctricos. Cuando contratemos al electricista, le comentarás de estos cinco contactos que deseas."

"Pero contrata un electricista que sea guapo, Mami."

"Contrataré un técnico que sea feo y esté casado, Renata."

"Debiste haber sido cómica, Mamá."

Renata dejó caer su largo cabello negro sobre sus hombros y despidiéndose sarcásticamente de su madre desapareció por el corredor. Luego se metió al cuarto de Paloma y ahí encontró a su hermana y a sus ponis regados por todo el piso.

"Muy pronto tú y tus ponis tendrán una nueva recamara para jugar, Paloma. Es grandioso, ¿no lo crees?"

"Creo que si."

"¿Acaso no te emocionas con lo de la nueva casa?"

"Realmente no. Me gusta esta casa."

"Pero la nueva casa va a ser más grande y más bonita."

"A mi me gusta aquí. Y además, irás a la Universidad muy pronto y por lo tanto no vivirás en esa casa mucho tiempo, así que ¿por qué te emocionas tanto?"

"Para la Universidad falta mucho, Paloma"

"No, no lo es. Faltan solo tres años y eso no es mucho tiempo."

"Bueno, la verdad si me emociona mucho mudarme a la nueva casa y creo que también debieras sentir lo mismo."

"Renata, ¿que océano está en la Costa Este de los Estados Unidos?"

"El océano atlántico, ¿por qué?"

"Es que es parte de mi tarea de geografía. Mira este mapa. Eso es lo único que pude recordar. El resto está bien, ¿verdad?"

"Canadá se escribe con sólo una "n" pero lo demás está correcto. No sabía que se estudiaba geografía en tercer grado."

"¿Pues en que grado tuviste geografía?"

"No lo recuerdo, pero no fue en tercer grado. De eso estoy segura. ¿Estás aprendiendo escritura también?"

"Lo aprendimos hace mucho tiempo. Ya sabía escribir desde que estaba en primer grado."

"! Vaya!, Creo que ahora todo se enseña más temprano que antes. Estás creciendo muy rápido Paloma."

"Así es, pero tú siempre serás mayor que yo sin importar lo rápido que yo crezca."

"¿Eso te molesta?"

"Algunas veces, como cuando me dices que no me meta con

tus cosas."

"¿Tú dibujaste esa flor?" le preguntó Renata mientras elegía una hoja del cuaderno de Paloma.

"No te mestas con mis cosas," respondió Paloma con una sonrisa. "Sí, yo la dibuje."

"Paloma organizó todos sus papeles y los colocó en el pupitre, con excepción de una hoja, que ella dobló y colocó en su bolsillo.

Orpet se unió a Elida en la oficina y mientras ella continuaba trabajando aprovechaba para tomarse una taza caliente de té de hierbas. Afuera el cielo nublado producía una incesante lluvia. Orpet decidió sentarse en su escritorio y usar su computadora.

"¿Quieres un poco de té?" preguntó Elida mientras descansaba por un momento de sus actividades.

"No, gracias. ¿Ya recibimos el correo? Preguntó él.

"Está en la cocina, sólo son recibos y correo basura. Por cierto, tu madre llamó esta mañana mientras estabas fuera."

"Oh sí, ¿Qué sucede?"

"No lo sé, algo que tiene que ver con casas e impuestos."

"Pero ya pagué nuestro recibo de impuestos de la casa," contestó Orpet disgustado. "¿Desde cuando necesito que me recuerden sobre el pago de recibos?"

"No es por nuestra casa. Cálmate; Yo no soy quien te llamé. Es algo que tiene que ver con la casa de tu madre pero no presté mucha atención."

"Oh que bien Elida. Mi madre llama y tú ni siquiera prestan atención o tomas un mensaje."

"¿Por qué me criticas Orpet? Mejor levanta el teléfono y llámale"

"Ese no es el caso."

"¿Y entonces?"

Afuera la lluvia seguía incesante incluso más intensa entre tanto Elida le dio otro sorbo a su té y regreso a su croquis de la casa. Paloma entró a la oficina y se paró cerca de su madre.

"¿Como va lo de la casa?"

"Bien. ¿Quieres ver en donde estará tu recamara?"

"Claro," respondió Paloma mientras se acercaba al atril.

"Está aquí al final del corredor." Señaló Elida con el lápiz y con el borde del borrador señaló diferentes áreas de la casa.

"Aquí arriba quedaran cuatro recamaras. La tuya estará al final del pasillo. Esta otra que está de este lado es la de Renata y esta otra es la de Tiago."

"¿En dónde está la ventana Mamá? Quiero una ventana en mi cuarto, para ver hacia fuera y contemplar el cielo."

"Bueno, podremos instalar una ventana, Paloma, no te preocupes," contestó Elida con una sonrisa. "Pondremos una ventana para que puedas ver el cielo."

El teléfono sonó y Orpet contestó, al primer timbrazo. Se movió lejos de Elida y Paloma para poder escuchar mejor. Con señas Elida le sugirió a Paloma irse al cuarto de la niña. Mientras lo hacía, retiró la hoja de papel doblada de su bolsillo y lo colocó en el librero de Elida.

"Seguro, me parece bien," contestaba Orpet al teléfono ante la mirada curiosa de Elida.

"Ya hablaremos mañana más al respecto en la oficina...bien....hasta luego."

"¿De que platicabas? Preguntó Elida mientras colgaba el teléfono Orpet.

"Acerca de una conferencia para este jueves y viernes."

"¿Dónde? Preguntó Elida de nuevo, "¿En Río?"

"No exactamente," respondió Orpet rápidamente. "Es en Utah"

"¿Qué?" cuestionó Elida mientras hacía a un lado el lápiz y se ponía de pie. "¿Como está eso Orpet?, ya teníamos planes este fin de semana, y quedamos de ir a donde vamos a construir la casa esta semana."

"Estaré en casa para el sábado por la mañana así que no se arruinaran los planes del fin de semana y lo de la casa lo podemos ver a principios de la siguiente semana."

"Está bien, haremos todo de acuerdo a tu programa y agenda, como siempre."

"Basta ya Elida, es suficiente."

"Para nada," respondió ella mientras se alejaba e instintivamente tomó la hoja de papel que Paloma había dejado en el librero. "Has estado viajando demasiado y eso no me agrada para nada."

Orpet no contestó y Elida optó por salirse de la oficina. Se metió a la cocina y puso algo de agua en una taza para hervir y prepararse un té y enseguida lo puso en el horno de microondas. Mientras esperaba, desdobló el papel que Paloma había escrito y lo empezó a leer. En ese momento entró Renata a la cocina y por alguna extraña razón que ni Elida misma entendía dejo de leer y trató de esconder la hoja en su bolsillo como si ocultara algo.

"¿Están peleando de nuevo Papá y Tu?" preguntó Renata desenfadadamente

"Realmente no," contestó Elida mientras retiraba la taza de té del microondas. "Lo que pasa es que va a viajar otra vez y eso ya no me agrada tanto."

Elida agarró la taza y la hoja de Paloma y se encaminó a la sala en donde se sentó para continuar leyendo la nota de su hija.

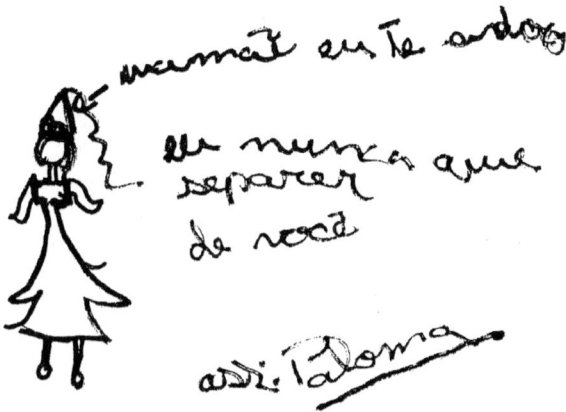

"*Mami Te Amo*"
"*Nunca me separaré de ti*"
"*Firma: Paloma*"

Elida quedó absorta por un momento en el sofá y miró hacia fuera la pertinaz lluvia. Sintió algo de frío así que agarró con ambas manos la taza de té para darse calor en las manos. Volvió a leer la hoja que había escrito Paloma y repentinamente esto le dio mucho calor y felicidad. Pensó a si misma, todo esto lo hace Paloma por mi. Continuó sentada en el sofá mientras terminaba su té. Enseguida decidió regresar a la oficina, y en su trayecto se dio cuenta que la puerta del cuarto de Paloma estaba cerrada así que prosiguió su paso hasta la oficina.

"Elida, escucha," dijo Orpet mientras se levantaba de su escritorio.

"No te preocupes cariño," contestó Elida y agregó "Sè que tienes que viajar. Todo estará bien, pero siempre y cuando estés en casa para el sábado."

"Aquí estaré, temprano al mediodía tenlo por seguro. Dios sabe que no quiero por nada pasar el sábado por la noche en Utah."

"Sería divertido, ¿Quién sabe? Dijo ella con una sonrisa mientras tomaba asiento ante su atril.

Orpet se acercó y desde atrás le dio un beso en su cabeza.

"Bien Papi, bésala," gritó Renata mientras pasaba por el pasillo. "Bésala o de lo contrario va a poner un cuarto en su croquis para ti y Wolf."

Capítulo 8

El autobús escolar que transportaba a los alumnos del tercer grado de la Señora Allagoas era conducido estruendosamente por el camino angosto que llevaba hasta el pico del parque montañoso y sus pesadas llantas fueron poco a poco bajando su velocidad hasta detenerse por completo en la grava que marcaba un claro en un área rodeada excesivamente de madera.

Los seis padres de familia que fungían como voluntarios en este viaje de campo vestían unos pantalones de mezclilla notablemente viejos y zapatos excesivamente sucios y su función dentro del grupo era ayudar a supervisar a los alumnos. Estos padres fueron los primeros en descender del autobús. Todos se alinearon como una unidad en un intento de restablecer la disciplina que temporalmente se había perdido durante los 45 minutos que había durado el trayecto.

Las típicas inofensivas bromas juveniles como saltar sobre los asientos, gritar por el pasillo, cantar disparatadas canciones sobre sus mismos compañeros habían dejado su huella en el conductor del autobús quien se mostraba un poco ansioso, pero la Sra. Allagoas y los seis padres denotaban una actitud más paciente y comprensiva sobre la conducta de los menores, lo que ayudaba a no complicar más los desmanes.

Paloma bajó los escalones del autobús junto con los otros niños. Se había vestido con el mejor traje tipo camuflaje que Elida había encontrado.

"Tengo que ponerme algo que no vaya a asustar a los animales," le había dicho Paloma a su madre mientras ella la preparaba esa mañana. "Necesito una ropa como los soldados del ejercito, algo así."

Elida pudo finalmente encontrar una vieja camisa con tintura cubierta de líneas rojas y rosas, unos pantalones de mezclilla deslavados y un sombrero de paja. Al verse Paloma frente al espejo y con las manos colocadas en su cintura no pudo menos que mover su cabeza con signos de desaprobación. "Así como me veo, de inmediato todos los animales me van a identificar como una persona."

Tres guardabosques, apropiadamente y profesionalmente ataviados con trajes de una sola pieza de algodón, botas de lona y mochilas, saludaron al grupo de escolares y los instruyeron para que formaran un círculo para recibir una pequeña orientación.

"Buenos días y bienvenidos al bosque," gritó una robusta y pequeña joven con una apariencia igual a la de Cocodrilo Dundee. "Mi nombre es Raquel y quiero darles la bienvenida a todos ustedes a este sitio tan especial. Hoy van a vivir una aventura que estoy seguro disfrutaran mucho. Estas tierras donde están parados son las mismas en las que nuestros ancestros alguna vez vivieron y aprenderán, mientras efectúen la caminata, mucho acerca de esos antiguos nativos que aquí vivieron. Antes de comenzar quiero presentarles a los dos caballeros que están parados debajo de aquel árbol de eucalipto. Ellos me ayudaran incorporándose al grupo a través de toda la excursión y creo que ambos tienen algo importante que decirles antes de partir."

El primero de ellos, un hombre de aproximadamente cincuenta años, con una larga barba negra y de cuerpo musculoso que lo hacía parecer de menos edad, se paró en el centro del circulo y se presentó como José.

"Buenos días niños y niñas. Lo que me gustaría decirles antes de iniciar nuestra excursión es que para que podamos divertirnos a plenitud el día de hoy, hay algo muy importante que todos deben tener en cuenta en todo momento. En el trayecto verán muchas plantas y flores y aprenderán la manera en que vivían los indios que fueron nuestros ancestros y que alguna vez vivieron aquí, así como la forma en que utilizaban estas plantas en su vida diaria, incluyendo las que usaban como alimento. Sin embargo, es de hacer notar que estas tierras son salvajes y como ustedes no están familiarizados como lo estaban nuestros ancestros, es muy importante que eviten el contacto físico y especialmente eviten probar cualquier cosa a menos que alguno de los guías les de la aprobación para hacerlo. Algunas de las plantas son venenosas y por eso todas estas advertencias que les hago en este momento."

""Muy buen recordatorio," dijo Raquel mientras José se recargaba sobre el árbol y colocaba su mochila alrededor de sus hombros. "Ahora quiero que pongan atención a Paulo que también tiene algo importante que decirles."

"Me gustaría platicar un poco acerca de algunos amigos que estaremos visitando el día de hoy," dijo Paulo, un tipo joven de aspecto musculoso, algo rudo y de pelo rubio y ojos azules. "Afortunadamente hoy tendrán la oportunidad de ver algunos animales que viven en esta área. Hay muchas diferentes especies de pájaros en este lugar, y muchos animales de tierra como los armadillos y los osos hormigueros así como una amplia variedad de serpientes y lagartos. Lo que quiero recordarles cuando vean estos animales es que esta tierra es su casa y tu aquí eres un visitante de esta su casa. Así como a ustedes no les gustaría tener un visitante en sus casas que les gritara, o los despertara cuando estuvieran durmiendo, o los levantara y se los llevará por toda la casa o los molestara en sus cuartos, así mismo no quiero ver a nadie molestándolos en las casas de nuestros pequeños amigos. Si los tratamos agradablemente, ellos estarán felices y les agradará que los vean durante esta visita. Pero si no fueran amables con ellos, entonces se molestaran, se asustaran y se alejaran de ustedes sin que tengan la oportunidad de verlos y disfrutarlos.

"¿Hay serpientes venenosas?" preguntó un jovencito con algo de temor en su voz.

"Si hay," contestó Paulo, "Y esos es por lo que es extremadamente importante que permanezcan juntos, escuchen a sus guías y mantengan sus manos en zona segura."

Raquel caminó hacia el centro del circulo mientras Paulo se hacía para atrás y se integraba a José debajo del árbol de eucalipto. Ella agradeció a sus dos asistentes por su contribución y explicación y luego comenzó a organizar el grupo para la excursión. Dividió a los seis padres de familia en pares y los alineo en frente tres hileras de niños, cada una con diez niños. Luego asignó a cada guía con cada grupo y finalmente nombró a la Señora Allagoas como la guía honoraria de todo el grupo.

Era una mañana fresca pero ya para las 10:00, después de una hora de caminata, el sol comenzó a provocar el retiro de suéteres y sudaderas que estratégicamente se colocaban los niños alrededor de sus cinturas como excursionistas profesionales.

Todo el grupo se mantenía a distancia de plantas venenosas sólo probaban muestras de hojas de menta y plantas confiables. Pelaban las plantas de Yuca que los indios antiguamente usaban para hacer, entre otras cosas, sus chozas y también se la pasaban recogiendo una colección de "rocas de maquillaje" como las llamaba Raquel, que eran una especie de rocas que cuando se frotaban contra la superficie servían como una primitiva forma de rubor. Los niños frotaban las rocas contra sus brazos para crearse sus propios Tatuajes.

Para el mediodía los tres grupos ya se habían congregado a un lado de un río y precisamente este punto se volvió el sitio de mayor emoción. Cruzando los rápidos del río en zapatos, calcetines y puesta su ropa, ese era el tipo de aventura que los chicos habían anhelado desde un principio.

A lo largo de los bancos del río, mientras los niños esperaban su turno para cruzar, Paulo señaló en el duro suelo, las huellas de un pequeño animal. A solicitud de uno de los niños, Paulo sacó su navaja de bolsillo y comenzó a tallar el bloque de suelo. Luego se las arregló para recoger la pieza completamente pero al dárselo al niño que se lo había pedido, la pieza se desmoronó y con ella desapareció también la huella del animal, que según parecía pertenecía a un tejon.

"Creo que no debiste meterte con su casa" le dijo a Paulo otro de los niños que aceptó la critica con una amplia sonrisa.

Por lo mojado de sus ropas, muchos de ellos se habían caído en el río, el andar de los excursionistas se había tornado más pesado, hasta que llegaron a un claro del lado norte en donde había varias mesas de campo que sirvieron de remanso para los agotados y hambrientos excursionistas. Mientras los niños devoraban sus almuerzos y visitaban los inodoros portátiles de los que en la antigüedad llegaron a carecer sus ancestros, Paulo preparaba su demostración de hacer nudos en cuerdas que formaría parte de la segunda parte de la travesía.

Mientras los niños se formaban haciendo un circulo a los

pies de Paulo, la Señora Allagoas notó que Paloma se encontraba a solas sentada debajo de un árbol.

"¿No quieres venir a ver como anudaban sus cuerdas los indios antiguamente?" le preguntó a Paloma la Señora Allagoas mientras se sentaba sobre el pasto al lado de la niña.

"Sí. Enseguida voy."

"¿Pasa algo Paloma?"

"No. ¿Por qué?"

"No lo sé, sólo me pareció extraño que estuvieras sentada aquí sola."

"Sólo me estoy relajando y disfrutando de la naturaleza."

"Eso está bien. ¿Estás disfrutando de la excursión?"

"Oh sí. Realmente me encanta aquí. La naturaleza es maravillosa."

"Ya lo creo. Ven, vamos a ver la demostración de las cuerdas."

"Voy enseguida Sra. Allagoas. Nada más déjeme sentarme un ratito más."

Paulo tomó un manojo de hebras largas de césped que recogió y comenzó a darle forma a una cuerda. "Tuerce y envuelve es la técnica que debemos usar," explicaba Paulo mientras cuidadosamente manipulaba las hebras gruesas. "Torcemos este manojo fuertemente en una dirección y luego envolvemos sobreponiendo el otro manojo en dirección opuesta hasta formar una cuerda fuerte y resistente..."

A los veinte minutos Paulo había formado ya una cuerda completa de aproximadamente tres metros y luego probó su resistencia sosteniendo uno de los extremos en sus manos e invitando a un grupo de niños a que jalaran del otro extremo en una especie de competencia. El ganador obviamente fue la cuerda por si misma ya que se mantuvo firme y sólida a pesar de los esfuerzos en la fuerza de tracción.

Paulo le dio la cuerda a la Señora Allagoas como regalo que ella tomó orgullosamente como un grato recuerdo de la excursión. Ella lo colgó al siguiente día arriba de su escritorio en el salón de clases para una actividad que les pidió a los niños hacer.

"Lo que quiero que hagan," decía la Señora Allagoas a la clase, "es escribir un ensayo de una hoja acerca de lo que les gustó más del viaje de excursión al bosque. Esta cuerda podría darles alguna idea. Por ejemplo podrían escribir de la demostración que dio Paulo y las muchas maneras en que nuestros ancestros le daban uso a la cuerda. O podrían escribir de su experiencia al cruzar el río, o de alguna planta especial o animal que hayan visto. Depende de ustedes el tema. Sólo preocúpense por hacer un ensayo que sea interesante y asegúrense que su ortografía y gramática estén bien."

La clase quedó en silencio mientras cada estudiante comenzaba a escribir pero pronto comenzaron las murmuraciones y comentarios entre todos al recordar distintos pasajes de la excursión del día anterior, lo que no evitó que hubiera hasta risas al recordar jocosos momentos.

"! Silencio!" grito la Sra. Allagoas mientras tomaba asiento en su escritorio.

Paloma se sentó ante su pupitre que estaba a la derecha del escritorio de la Sra. Allagoas. No entabló conversación con sus compañeros; prefirió diligentemente ponerse a trabajar hasta que sonó la campana anunciando la salida y entonces con mucho orgullo entregó su ensayo.

Ya con los quince niños debidamente sentados y razonablemente quietos, el operador Tomas Castro, quien era el más antiguo y experimentado conductor de la escuela, procedió a cerrar las puertas del minibús dorado para iniciar su marcha. Paloma permanecía sentada en el frente de la escuela primaria sin abordar el minibús.

Cediendo una vez más a las súplicas de Paloma de no viajar en el autobús escolar, Elida había acordado con la niña pasar a recogerla a la escuela después de su sesión de aeróbics.

"Simplemente no me gusta," era todo lo que decía Paloma al cuestionamiento de Elida a no viajar en el minibús por parte de la niña.

Paloma bajó los peldaños de la escalinata de acceso a la escuela al ver la camioneta de su madre entrar al estacionamiento de la escuela pero para su sorpresa, Elida estacionó el carro en lugar de acercarse a la banqueta. Paloma esperaba con la mirada perpleja dibujada en su cara mientras veía a su mamá dirigirse a la entrada del colegio.

"¿Que haces mami?" "¿Por qué estacionaste el carro?"

"Tengo que hablar con tu maestra. Me llamó a la casa y dijo que quería verme."

"¿Pero que hice?"

"No lo sé. Es lo que iba a preguntarte."

"No hice nada Mami"

"Entonces no hay motivo para que te preocupes."

Elida tomó camino junto con Paloma hacia la puerta de acceso y atravesó el auditorio en dónde los alumnos de segundo grado practicaban su obra de teatro.

"¿Por qué no consigues un libro para leer," le dijo a Paloma mientras se detuvieron enfrente de la biblioteca. "No tardo"

Elida se quedó viendo por un momento a Paloma mientras veía que tomaba asiento en una mesa vacía. En lugar de ir por el libro, Paloma sacó un lápiz de su mochila y comenzó a escribir en su libreta. Levantó la vista de la página y de algún modo inadvertidamente se topó con los ojos de su madre quien se veía preocupada. Volvió su atención de nuevo a la libreta mientras Elida se alejaba.

Elida tocó suavemente en la puerta cerrada del salón de clases de la Sra., Allagoas. Se asomó por una pequeña ventana de la puerta y vio a la maestra acercarse a la puerta para abrirla.

"Hola, entre por favor," dijo la Sra. Allagoas con una cálida sonrisa mientras guiaba a Elida al interior del salón que por veinte años había sido su segunda casa. "Por favor, disculpe el desorden," se disculpó con Elida, "hoy fue un día muy agitado y aún no he tenido tiempo de organizar nada."

"No tiene que disculparse, créame, sé que está muy ocupada."

"Bueno, nos la arreglamos, es parte del trabajo."

La Señora Allagoas condujo a Elida hasta su escritorio en donde se colocó a un lado una silla para su visitante.

"Por favor, tome asiento aquí," le dijo educadamente. "Lamento haberla molestado en su casa y haberla hecho venir. Espero que no le haya causado un trastorno."

"No, Para nada," contestó Elida.

"He estado esperando la oportunidad de platicar con usted por algún tiempo,"

Comenzó a explicar la maestra, apoyándose contra su escritorio.

"Al comienzo del año quería platicar con Usted porque estoy teniendo algunos problemas con Paloma. Ella posee una personalidad muy fuerte y no he podido encontrar el modo de poderme relacionar con ella. Ha habido algunos incidentes con otros niños en los que parece ser le ha afectado a Paloma y eso la ha vuelto una niña muy solitaria y la verdad no estoy segura que hacer para remediarlo. La he observado de cerca y en varias ocasiones me las he ingeniado para platicar con ella con la finalidad de empezar a entender y comprender esa actitud de apartarse de los demás. Ella es muy diferente de los demás niños, de hecho, mucho más diferente que cualquier otro niño que haya visto. Es extraordinaria en cuanto a sus habilidades para comunicarse y expresarse. Pero la mayoría de las veces es solitaria, pero cuando se expresa lo hace de una manera tan profunda que de verdad desconcierta. Y digo esto con el debido respeto para que me entienda."

"Parece que ella disfruta mucho la escuela y habla de sus clases entusiastamente," acotó Elida después de un corto y embarazoso silencio mientras asimilaba todo lo que le había dicho la maestra. "Creo que va bien en sus clases."

"Ya lo creo, y por eso es que la mande llamar hoy."

"Entonces no entiendo."

"Como usted sabe ayer fuimos a un viaje de campo."

"Por supuesto, al bosque. Paloma ya me contó todo lo que vivió ayer. Estaba muy emocionada."

"Si que lo estaba. Bueno, esta mañana le pedí a los niños que hicieran un ensayo de lo que más habían disfrutado del viaje de ayer. Y leí la mayoría de los ensayos hoy durante el almuerzo."

"Más de una vez. Sus ensayos han sido sorprendentes. La mayoría de los niños escribieron acerca de los juegos con los que se divirtieron mientras viajan en el autobús, o de lo divertido que fue cruzar el río o de las competencias de jalar la cuerda que uno de los guías fabricó. En suma sus ensayos son simpáticos pero muy simplistas. Por el contrario. Paloma prefirió escribir de la naturaleza. Escribió acerca de lo hermoso que estaba el cielo, de la calidez del sol, de lo verde de la hierba. Y en resumen fue un ensayo verdaderamente hermoso y encantador, realmente encantador. Se lo mostraré."

"Me dijo anoche lo mucho que le había encantado el viaje y

todo lo hermoso que vivió en la excursión."

"También escribió, ahora recuerdo," continuó diciendo la maestra mientras hojeaba los ensayos para localizar el de Paloma, "algunas líneas para hablar de los animales y mencionaba algo así como, "lo encantador que era la vida de un animal; brincando y viviendo su existencia sin preocuparse por nada. Era hermoso pero inusual para una niña de su edad.

"A Paloma le encanta escribir y lo hace muy bien. Frecuentemente me escribe pequeñas notas y poemas que por supuesto estoy de acuerdo con usted de que no son propias para su edad. De hecho es algo extraño."

"Las mentes de los poetas más grandes de la historia frecuentemente han sido descrito como algo extraños. Paloma es una poeta, una artista. El hecho que no podamos completamente comprender lo que está en su mente no significa que sea extraña o rara. De cualquier modo, mi intención no ha sido la de molestarla al haberle llamado. Solo quise llamar su atención porque creo que es un ser extraordinario y alguien por quien cualquiera se sentiría orgulloso."

"Estoy muy orgullosa de Paloma y aprecio mucho lo que ha hecho por ella."

Durante el regreso a casa Elida mantuvo tomada la mano de Paloma durante todo el trayecto. Sentía una felicidad muy especial por lo que le había dicho la maestra y lo denotaba mientras preparaba la comida en la cocina en compañía de Renata.

"¿Para que te quería la maestra de Paloma? Preguntó Renata a su mamá.

"Sólo quería mostrarme un ensayo que escribió Paloma."

"Renata por favor rebana las papas en cuartos, así será más fácil machacarla."

"¿De que trataba el ensayo?"

"Era acerca del viaje de excursión al que fue ayer."

"¿Y que había de especial con el ensayo?

"Lava las papas y pon el agua a hervir. Nada pasó con el ensayo. La maestra sólo quería verme porque le pareció que estaba muy bien hecho."

"Paloma es una buena escritora. Quizás escribirá un libro cuando sea grande."

"! Mamá...! gritó Paloma desde el patio. "Ven aquí Mamá" "No ahorita Paloma. Estoy preparando la comida. Renata ¿ya terminaste de hacer la ensalada?" "Está en el refrigerador. Creo que me quedó buena." "! Mamá! ¡Ven aquí afuera a ver la puesta de sol! "Corre Mamá!" "Pero Paloma, tengo que terminar esto que estoy preparando en la cocina." "! Ven Mamá" insistió Paloma. "Renata, échale un ojo al puré. Cuando se ponga suave bájale a la flama." "! Mamá, ven a ver el cielo!" gritaba emocionadamente Paloma mientras su mamá llegaba al patio al llamado de su hija. "Mira la puesta de sol, Mamá. ¿A poco no esta hermoso?" "Si que lo es. Es de un naranja brillante. ¡Hace mucho que no veía algo igual!" "Y las líneas rojas también Mamá. ¡Es bellísimo¡" Elida tomó la mano de Paloma y las dos caminaron por la calle cerca del tercer hoyo del campo de golf. Poco después el astro rey descendió en el horizonte dejando una estela de luz que se reflejaba vividamente sobre el campo de golf. Bajo sus pies sentían la acolchonada superficie de pasto mientras caminaban. El aire era fresco y lleno de un especial aroma que provenía de la hilera de árboles que enmarcaban bellamente la acera.

"Si el sol y el cielo son así de hermosos Mami, imagínate lo bellísimo que debe ser el paraíso. ¿No lo crees?"

Elida tomó una pausa y quedo viendo a Paloma fijamente mientras analizaba la respuesta al cuestionamiento de su pequeña hija.

"Ya lo creo que debe ser muy bello," finalmente dijo Elida. "¿Y que hay de los árboles?" continuó ella con un tono más entusiasta de voz. "Creo que los árboles son tan asombrosos. Detente y piensa que tan sorprendente es que puedan crecer tan altos y vivir tanto tiempo."

"¿Te gustaría vivir tanto tiempo como los árboles Mami?"

Elida no tuvo tiempo de ponderar la pregunta y responder a Paloma porque de la hilera de árboles cerca de donde caminaban madre e hija, repentinamente se escuchó un golpe seco que sorprendió a las dos. Ambas se voltearon a ver asustadas y de inmediato reaccionaron caminando hacia los árboles para averiguar lo que había pasado. Paloma gritaba y corría al mismo tiempo dejando atrás a Elida por momentos.

A los pies de un árbol, en el crecido césped que marcaba los límites del campo de golf, estaba un pájaro cantor negro y largo. Yacía en el césped completamente quieto. Paloma se hincó a una cuidadosa distancia del animalito y lo miró atentamente. Elida agarró a Paloma por la espalda y la aparto un poco.

"¿Está muerto Mami?

"No lo sé."

Elida se acercó al animalito y lo miró cuidadosamente. Trató de detectar los latidos de su corazón o cualquier movimiento que indicara que estaba vivo. Pero nada pasó. Era obvio que el pajarito estaba muerto.

"¿Por qué no oramos," le sugirió Elida a Paloma.

Justo al decir eso, Elida trató de retractarse porque pensó a sus adentros lo absurdo que sería. Sobre todo porque numerosas veces había intentado de convencer a Paloma de orar y siempre se había rehusado. Ahora, ahí sobre el piso estaba un animalito muerto y sugería orar por su alma. Pero para su sorpresa, Paloma tomó al pajarito y aceptó orar por él. Elida extendió su mano para agarrar la de Paloma y en voz baja comenzaron a orar. Por momentos dentro de la oración Elida se detenía y pensaba nuevamente lo absurdo que pudiera parecer esa escena y sobre todo que ante tal situación Paloma hubiera aceptado la sugerencia. Escuchaba y quedaba viendo a Paloma mientras ésta oraba y luego silenciosamente prefirió pasar por alto sus pensamientos y continuó rezando junto con su hija una vez más.

En el preciso instante que concluyeron juntas su oración, ni un segundo antes, comenzó el pajarito a mover sus alas dentro de la palma de la mano de Paloma y agitó su cuerpo libre de la prisión en la que estaba. En una ráfaga de tiempo, su cuerpo tomó movimiento y comenzó a volar hasta desaparecer entre los árboles.

Elida estaba impactada por lo que había sucedido. Paloma, todo lo contrario, se sentó tranquilamente sobre el césped y miró hacia arriba dibujando una mirada de satisfacción y llena de paz en su cara. De algún modo, no únicamente a la oración de

Paloma se le había dado respuesta, sino que la misma Paloma lo había atestiguado.

"! Mamá!...! Mamá ven aquí...!" El sonido de la voz emocionada de Tiago viajó rápidamente en el aire nocturno hasta los oídos de Paloma y Elida mientras lo veían correr por la acera. "Regresa Mamá, Renata te necesita en la cocina." De pronto Elida reaccionó y se dio cuenta que por todo lo acontecido momentos antes durante la caminata de ambas se había olvidado por completo de sus pendientes en la cocina. Así que emprendió el regreso a su casa de inmediato.

"! Renata! ¿Qué sucedió?"

"¿Y lo preguntas, Mamá?" Lo que sucedió es que me dijiste que vigilara las papas y fue lo que hice pero no me dijiste nada acerca de la carne que dejaste en el horno y ahora parece que se quemó."

"! Oh Diablos!" Se dijo Elida para si misma mientras abría la puerta del horno que despedía un fuerte olor a quemado. "Esto está más que quemado."

"No me dijiste que lo sacara Mamá. Y ni me enteré que estaba ahí hasta que vi salir el humo."

"Fue mi culpa Renata."

"En dónde estabas Mamá?

Como respuesta Elida miró a Renata sin saber que decir e instantáneamente volteo a ver a Paloma que estaba de pie en la puerta hacia el patio trasero sólo para decir "Estaba rezando cariño, sólo rezando."

Capítulo 9

"Suiza."

Paloma pronunció lentamente y con precisión la palabra una y otra vez mientras lo buscaba en las páginas de su Atlas Mundial de los Niños.

"Europa, está en Europa Paloma; tú estás buscando en Asia," le decía Tiago tratando de ayudarla mientras se sentaba al lado de su hermana en el sofá de la sala.

Orpet le dio la noticia lentamente a su familia, y especialmente a Elida, acerca de su próximo viaje a Suiza a una serie de conferencias. Él iría por dos semanas que es lo que tardaba en promedio cada vez que salía. Pero ahora se trataba de uno de los viajes más importantes que había realizado para la Marina y en verdad que estaba muy emocionado por la oportunidad que se le presentaba. Elida por su parte no estaba tan emocionada.

"¿Conoces los nombres de las principales ciudades de Suiza?" cuestionó Orpet a Renata quien sentada en el piso de la sala, hojeaba una revista.

"Tokio Papá. Mamá, ¿Qué vamos a cenar?"

"Zurich," dijo Tiago.

"espagueti," le dijo Elida a Renata

"Ginebra también," agregó Tiago

"Ahí es dónde estaré," dijo Orpet. "Todas las conferencias serán en Ginebra."

"¿Cuando te vas Papá? Preguntó Paloma

"La próxima semana. Salgo el Lunes."

"Comamos ya," dijo Elida, quien parecía indiferente ante la platica del próximo viaje de negocios. Durante la comida, Elida desvió la conversación a otro tema que no fuera Suiza y optó por hablar de la construcción de la nueva casa. Todos comieron de prisa ya que Orpet había acordado una reunión con el contratista y había prometido llevar a todo mundo con él, por lo que no podían atrasarse.

"¿Cuándo crees que nos vayamos a mudar?" preguntó Tiago a su padre mientras le daba vuelta a su espagueti alrededor del plato con su tenedor.

"Tiago usa la cuchara," le dijo Renata, "O vas a terminar comiendo el espagueti en el piso en cualquier momento."

"No exageres"

"Pues ponte abusado."

"Sólo come," dijo Orpet, poniéndole fin a la discusión que lo que hacía era solo retrasar la conclusión de la comida.

"Entonces ¿Cuándo nos vamos a mudar Papá?"

"No pronto Tiago. Sólo come."

"Falta mucho aún," dijo Elida más tranquilamente. "Aún cuando la casa estuviera lista los acabados y los detalles finales llevan tiempo. No nos mudaremos hasta después del invierno, si todo sale bien."

"¿Comen espagueti en Suiza Papi? Preguntó Paloma después de un corto silencio.

"Nos vamos en cinco minutos," dijo Orpet apresurando a los demás mientras se levantaba de la mesa para llevar su plato al lavadero. "No lo sé Paloma, pero estoy seguro que si deben de comer en Suiza spaghetti. Cinco minutos, apúrense," dijo de nuevo mientras se encaminaba a la oficina, "y traigan suéteres va a hacer frío más tarde."

"Mamá, ¿nos vamos a quedar en la casa hasta que oscurezca?" preguntó Paloma mientras terminaba de comer.

"Probablemente no, ya no se alcanza a ver nada cuando está oscuro."

"No me quiero cambiar y no quiero ponerme suéter."

"Paloma, ya escuchaste a tu padre. Va a hacer frío más tarde. Quítate la falda y ponte pantalones y no olvides ponerte tu suéter rosa."

"No."

Paloma se levantó de la mesa, levantó su plato y se dirigió a su cuarto. Orpet alcanzó a escuchar mientras regresaba de la cocina.

"Ponte tus pantalones," le dijo a Paloma

"No,"

"O te pones los pantalones o te quedas en casa."

"No."

"Cariño, haz lo que te dice Papá," le suplicó Elida mientras seguía a Paloma hasta su cuarto. Paloma se sentó en su pupitre y empezó a golpetear con sus dedos. "Va a hacer frío y no vas a andar con las piernas desnudas."

"Mamá, Papá no sabe nada de cómo se deben de vestir las niñas."

"Ya vámonos," gritó Orpet desde la cocina mientras arreglaba algunos de los papeles que llevaría con el contratista. Renata y Tiago esperaban en el vestíbulo, con los suéteres.

"Paloma, ya se van," continuaba Elida tratando de persuadir a Paloma "Ponte los pantalones."

"Pero Mamá es que no me gusta usar pantalones. Me gusta usar falda."

"Ya nos vamos" dijo Orpet tajantemente mientras pasaba por el cuarto de Paloma. "¿te vas a poner los Pantalones y venir con nosotros o te vas a quedar en casa?"

"Ya te dije, voy a ponerme mi falda y voy con Ustedes."

Paloma se cruzó de brazos, bajó la cara y se aprestó a salir del cuarto. Pero antes de que pudiera siquiera dar un paso hacia fuera, Orpet la alcanzó y la agarró con su brazo derecho de la trenza y la arrastró de regreso al cuarto. De inmediato se sintió en el ambiente que se avecinaba tormenta.

"No empieces a llorar Paloma," le dijo Orpet firmemente.

"! Ya párale Papá!"

"No Paloma, no puedo permitir que te comportes así," dijo gritando

"No voy hacer nada,"

"Pues ni vas a salir a ningún lado tampoco."

"! Está bien. No quiero ir a esa entupida casa de todos modos. No quiero vivir ahí nunca."

"Ya basta Paloma, ya basta de comportarte así."

Orpet llevó a Elida hacia fuera del cuarto y salió del cuarto dando un portazo.

"Que bien, está grandioso todo esto."

"Orpet , Me voy a quedar. Váyanse Ustedes. Voy a hablar con ella más tarde."

"Vàmonos, Renata y Tiago, vàmonos ya. Y tú quédate y habla con ella todo lo que quieras. Nosotros regresaremos en un par de horas."

"¿No va a ir Paloma con nosotros, Papá?" preguntó Tiago a su padre mientras se aprestaban a salir de prisa por la puerta de acceso.

"No, no va con nosotros. Vàmonos."

Elida se quedó observando desde la acera la partida de los tres. Limpió sus ojos y dejó escapar un profundo suspiro. Acto seguido, se dirigió hacia el cuarto de Paloma mientras la escuchaba hacer berrinche en su cuarto. Se detuvo brevemente frente al cuarto y finalmente decidió no entrar.

Elida se sentó ante el atril y se puso a pintar trazando líneas que formaban un antiguo camino adoquinado. A la izquierda del camino estaba una hilera de casas de un sólo piso y a la derecha se pedía ver una hermosa y brillante iglesia blanca con un campanario alto que parecía alcanzar al cielo azul cristal. Justo en la acera de la calle enfrente de una de las casas estaba un muchacho, andrajoso, con el pelo despeinado y con la mirada aturdida viendo hacia el campanario.

Elida detuvo el movimiento del pincel justo a la mitad del camino adoquinado cuando se percató del silencio absoluto que reinaba en la casa. Dejó los pinceles y salió de la oficina. Tocó suavemente en la puerta de Paloma sin recibir respuesta.

"¿Paloma? ¿Puedo entrar?"

"Estoy ocupada mamì"

"¿Ocupada haciendo qué?"

"Estoy escribiendo."

"¿Te gustaría tomar un poco de té?" Voy a preparar un poco para mí. ¿Si gustas preparo también para ti?"

"No mamá. No quiero Té."

"OK. Estaré en la oficina por si necesitas algo."

Elida regresó a su caballete pero decidió no continuar pintando. Justo entonces, sonó el teléfono. Era Eloisa, la prima de Orpet. Elida quería hablarle acerca de Paloma esperando escuchar de ella algunas palabras alentadoras de cómo tratarla y manejar sus cambios súbitos de carácter. Pero al momento, sin saber por qué, se contuvo de tratar el tema con la Prima de Orpet y no le dijo nada en absoluto."Los niños están bien," fue todo lo que se le ocurrió en ese momento.

En lugar de eso, platicaron de la nueva casa y de lo

complacida que quedo Elida con el diseño resultante. Platicaron también del próximo viaje de Orpet a Europa y de lo emocionado que él estaba. Platicaron de la madre de Elida, que actualmente visitaba a una amiga en la ciudad de Santos. Hablaron de dinero, de que nunca alcanzaba y un poco acerca de sexo, en lo que coincidieron en muchos aspectos.

De pronto Elida escuchó un ruido que venía de la puerta. Se asomó con incredulidad al ver que dos pequeñas hojas de papel se deslizaban por debajo de la puerta. Luego escucho pisadas que se alejaban y que obviamente pertenecían a Paloma quien regresaba en ese momento a su cuarto.

Elida se encaminó hacia la puerta, llevando consigo el teléfono inalámbrico y recogió los papeles. Los metió en su bolsillo sin mencionar nada a su prima de lo que había sucedido. La curiosidad y la preocupación la forzaron, sin embargo, a cortar la conversación y colgar.

Con las notas aún en su bolsillo, Elida salió lentamente de la oficina y se dirigió de nuevo al cuarto de Paloma, pero no entró, en su lugar continuó hasta la cocina. Ahí desdobló las notas mientras se aprestaba a encender la estufa para hervir agua para el té. Mientras esperaba que hirviera el agua, comenzó a leer.

"Mamá, te amé desesperadamente y te amaré por siempre...
Cada día que pasa crece mi amor por ti con las mismas palabras
Porque sabes igual que yo que el amor es infinito"

*Quando você morrer
já mais esquecerei de
você.
Você meda o carinho
e o amor eo meu troco
e o amor mais belo do mundo*

"Cuando mueras nunca te olvidaré.
Tú me das ternura y amor y a cambio yo te ofrezco
El más hermoso amor del mundo"

*Mamãe você acha que
eu sou uma bebê del ano
Pode ficar achando.
Por ninguém gosta de
mim
E se eu não sou amada
por ninguém pra que
eu fui existir.*

"Mami tú aún crees que soy un bebe de un año.
Sigue pensándolo así. Pero nadie me ama.
Y si nadie me ama por lo que yo existo." (sic)

me tranquila eu quero morrer,
pode jasar da minha
earca.
pois eu vou morrer
a qualquer dia da in-
-fansia

"A veces me encierro en mi misma de que quiero morirme.
Puede que te cause gracia pero sé que voy a morirme cualquier día en
mi infancia"

Ensimismada estaba en su lectura cuando un súbito ruido ensordecedor aturdió la cabeza de Elida y la sacudió. Se puso nerviosa y entonces notó que el agua en la tetera comenzaba a hervir.

Capítulo 10

"Pero Doctor, seguramente esto no es algo para preocupar ¿verdad?

"Espere, espere. Primero usemos el vocabulario apropiado. No creo que la palabra preocupación quepa en nuestro diccionario por el momento. La preocupación es una de las actividades menos productivas del ser humano. Preocuparse es fracasar al hacer el intento de resolver un problema. Si éste va más allá de nuestro control o un determinado problema es absolutamente imposible de resolver, entonces enfoca la energía de tu mente a mejores propósitos. Pero si el problema se puede resolver, entonces simplemente hazlo."

"Hace que eso suene tan sencillo." Le dijo Elida al Doctor Wagner, un consejero familiar.

"Al contrario. Hay que emprender acciones, en lugar de sentarnos y preocuparnos, porque eso si que es difícil. Pero nada que sea fácil vale la pena tenerlo o hacerlo. Se requiere del esfuerzo. Por eso esforcémonos con este problema que tenemos enfrente.

"Me asusta Doctor."

Por supuesto que estás asustada. Amas a tu hija y tu hija está experimentando dolor en este momento. Tú sientes también su dolor, y eso es bueno finalmente."

"Pero no me siento muy bien que digamos. Cuando leo lo que me escribe me impacta. Siento un inmenso dolor que recorre todo mi cuerpo. Me preocupa, ya sea que esté actuando bien o no, no lo sé, pero es lo que siento."

"¿Exactamente que te preocupa?"

"Me preocupa su carácter y quiero enseñarle a controlarlo por su propio bien. Sé y he visto la dulzura que yace detrás de su carácter pero los demás no lo ven así y eso la lastimará en el futuro. Es mi papel como madre ayudarla."

"¿No es esta la primera vez que te escribe notas, verdad?

"Ella escribe y hace dibujos para mi, hermosos mensajes, pero últimamente los temas y el estilo se han vuelto más intensos."

"¿Anteriormente ella ya ha hecho referencias a la muerte?

"Si. Hace poco tiempo mencionó en una nota que nunca me olvidaría cuando yo muriera."

"Eso es natural."

"¿Natural? ¿Es natural para una niña de 8 años hablar de la muerte? Vamos."

"Pero esta niña no es una niña promedio de 8 años. Es una niña con una extraordinaria capacidad emocional profunda. Es una niña llena de amor y de pasión por su madre. Escucha sus palabras con tu corazón, no sólo con tus oídos. Lee las mismas notas que te ha dado pero ahora hazlo con el corazón, no con tus ojos. Ella está tratando de llegar a ti. Arrópala, devuélvele el amor que te da con la misma intensidad y de ese modo la podrás ayudar."

"Yo puedo hacerlo, pero sería sólo la mitad de la solución."

"¿Cuál es la otra mitad?

"Su padre. Ni siquiera le he comentado de esto. Él se encuentra fuera en plan de negocios. Temo que la castigue y que el castigo empeore las cosas."

"Tendrás que decidir el papel de tu esposo en este problema, pero claramente, escondiendo algo tan importante como esto no ayudará en absoluto."

Lo sé. Por supuesto He intentado decírselo todo. Pero es muy severo con los niños y no creo la severidad sea lo más apropiado en este momento."

"Te diré exactamente lo que tendrás que hacer ahora mismo y todo el tiempo. Esta será la lección más importante como madre de familia que nunca hayas recibido antes y ya que no es un consejo de mi autoría, no te limitaré y actuarás con libertad. ¿Has leído alguna vez este libro?"

"¿*El profeta*, de Kahlil Gibran? Sì. Lo tengo en casa"

"Ya lo creo que lo tienes. De hecho para mucha gente es su lectura favorita. ¿Pero lo has leído? ¿Lo has leído del mismo modo como te estoy pidiendo que lo hagas con las lecturas de tu hija?

"Supongo que no lo he hecho de ese modo."

"Abre el libro en la página 17. Lee el pasaje. Léelo en voz alta, lentamente, pero leyéndolo con el corazón, no sólo con tus ojos y tu voz."

Tus hijos no son tus hijos son hijos e hijas de la vida
deseosa de sí misma.
No vienen de ti, sino a través de ti
y aunque estén contigo no te pertenecen.

Puedes darles tu amor, pero no tus pensamientos,
pues, ellos tienen sus propios pensamientos.
Puedes abrigar sus cuerpos, pero no sus almas,
porque ellas, viven en la casa del mañana,
la cual tu no puedes visitar ni siquiera en tus sueños.

Puedes esforzarte en ser como ellos,
pero no procures hacerlos semejantes a ti
porque la vida no retrocede, ni se detiene en el ayer.

Tu eres el arco del cual, tus hijos como flechas
vivas son lanzados.
Deja que la inclinación en tu mano de arquero
sea para la felicidad.

Al llegar a casa Elida hurgó en las hileras de libros que tenía en su librero de la oficina buscando El Profeta. Cuando extrajo el libro, reflexionó con remordimiento del poco tiempo que dedicaba a cosas tan placenteras como la lectura. Y curiosamente ahora no buscaba lectura por placer, sino para aliviar dolor.

Se dirigió a su recamara, se sentó a la orilla de la cama y abrió el libro en la página 17. Leyó el pasaje una y otra vez.

" Tus hijos no son tus hijos son hijos e hijas de la vida....
..y aunque estén contigo no te pertenecen
Puedes abrigar sus cuerpos, pero no sus almas.....
....porque la vida no retrocede, ni se detiene en el ayer...."

¿Como pensar en la posibilidad de dejar ir a Paloma? ¿Cómo aceptar la idea de que Paloma no es realmente de ella que es su madre? Paloma era parte de ella salió de su propio ser. Cerró el libro y se dejo caer sobre la cama. El día era tranquilo, la casa estaba en silencio.

Estaba en su ensimismamiento cuando escuchó toquidos en su puerta y vio a Renata asomándose. "Lamento molestarte Mamì, pero decidimos poner la mesa y preparar el almuerzo para ti y Paloma no quiere ayudar. ¿Le puedes decir si nos ayuda?"

"No te enojes, Renata. ¿En dónde está ella?"

"Está sentada ahí enfrente."

"Ven aquí Renata. Quiero hablar contigo. Cierra la puerta."

"¿Que pasa Mamì?"

"Renata, Paloma últimamente no ha andado bien. Tiene algunos problemas. No estoy exactamente segura de lo que está pasando, pero es algo a lo que necesitamos prestar atención. Necesito que Tú y Tiago pongan un esfuerzo extra de su parte para ser pacientes con ella."

"Mamá, nosotros siempre somos lo que tenemos que ser pacientes con ella. Y ella siempre es la que tiene los problemas."

"Renata, por favor. Necesito de tu ayuda. Sólo se amable, eso es todo."

"Está bien Mamá. Ven a almorzar en diez minutos. Ya está todo listo."

"Después del almuerzo, Renata y Tiago se aprestaron voluntariamente a limpiar la mesa y lavar los trastes. Elida se cambió de ropa y se puso algo de maquillaje para refrescar su rostro que se veía cansado. Paloma por su parte se sentó tranquilamente sobre el piso del cuarto y lentamente comenzó a peinar a su poni de color azul agua.

"¿Te gustaría ir a la Plaza comercial conmigo?" le preguntó Elida a Paloma mientras se metía en su cuarto.

"¿Sólo tu y yo?"

"Si, sólo tú y yo."

Elida tomó a Paloma de la mano y juntas se dirigieron a recoger sus abrigos en el armario y de salida se detuvieron por la cocina para despedirse de Tiago y Renata. Elida tomó un atajo para evitar la monotonía de la carretera. Una ligera lluvia comenzó a azotar contra el parabrisas, pero nada de cuidado como para obstruir la preciosa vista de los campos y árboles que pasaban ante sus ojos. Paloma localizó un grupo de vacas agrupadas debajo de un árbol no muy lejos del camino y recordó Elida que necesitaban detenerse en el supermercado camino de regreso a casa para comprar algo de leche.

La lluvia comenzó a caer con más intensidad conforme Elida se aprestaba a estacionarse en el estacionamiento de la plaza comercial. Como habían dejado los paraguas en casa, como era usual, las dos se miraron una a la otra mientras calculaban la distancia entre el carro y la entrada a la plaza.

"Por lo menos sabes nadar," bromeó Elida con Paloma.

"¿De dorso sobre cemento? Creo que no."

"Ya sé lo que haremos. Voy a manejar hasta la entrada de la plaza, te dejo ahí y luego me estaciono y regreso contigo. De ese modo sólo uno de nostras se mojará.

"No mamá. Yo quiero quedarme contigo. Si te mojas, me mojaré contigo."

"OK. Te pasó a dejar, entró contigo a la tienda y compro un paraguas, regreso al carro con el paraguas y entonces regresamos ambas a pie hasta la entrada, y así nadie se moja."

"Y entraremos a la plaza ya como a la medianoche. No es brillante la idea."

"Bueno ¿cuál es tu idea?"

"Yo dijo que mejor corramos."

"Pero está lloviendo muy fuerte. Y no quiero empaparme."

"En la vida tenemos que hacer muchas cosas que no nos gusta hacer Mamá"

"Oh que bien. Estoy atorada en la lluvia con una filosofa."

Elida se paso al asiento del copiloto, sostuvo a Paloma de la mano y abrió lentamente la puerta. De inmediato salpicó agua en sus cuerpos, forzando a Elida a cerrar de un portazo.

"Vàmonos a casa Paloma."

"No seas cobarde Mamá. Hagámoslo."

Corriendo hacia el frente, Paloma y Elida se agarraron de la mano y atravesaron el estacionamiento. Reían con la malicia de unas adolescentes al cometer travesuras mientras la lluvia mojaba sus rostros y empapaba sus pies. Elida respiró con alivio al ver que llegaban a la entrada de la plaza. Y luego se sacudió como un perro recién salido de una tina de baño.

"Ves Mamá," le dijo Paloma, "! Lo hicimos!"

Elida trató de calentarse y ahuyentar el frío que recorría su cuerpo tomando un capuchino en una pequeña cafetería en el interior de la plaza. Paloma pidió un helado de chocolate ante la sorpresa de Elida que no entendía como había pedido eso tomando en cuenta el frío clima y la lluvia que intensamente caía afuera, pero como muchas de las cosas que no se comprendían de Paloma, prefirió contenerse de externar cuestionamiento alguno al respecto.

"¿Te gustaría algo de salsa de chocolate o salsa de caramelo?"

"No Mami, así está bien. ¿Como está tu café?"

"Delicioso. Alguna vez has probado el capuchino?"

"No, ¿Qué es eso?"

"Es un café muy fuerte mezclado con leche al vapor. Así me gusta. Y luego le ponen chocolate hasta arriba."

"No gracias."

"Como bien sabes falta sólo un mes para tu cumpleaños así que mientras vayamos recorriendo la plaza, ve fijándote si hay algo que te gustaría para esa fecha."

"No he pensado nada al respecto Mamì."

"Al escuchar el comentario de su hija, Elida se dio cuenta que a Paloma ya no le emocionaba celebrar su cumpleaños. Pensó en algo que animara a Paloma, pero los recuerdos de las notas bloqueaban su mente y sus buenas intenciones.

"Mamá, ¿Cuánto tiempo va a estar en casa la abuela?" preguntó Paloma, rompiendo el corto pero embarazoso silencio.

Paloma se estaba refiriendo a Dora, que vendría a casa cuando Orpet saliera a su viaje a Suiza.

"De hecho, ella estará con nosotros todo el tiempo que tu padre esté en Suiza y quizás un poco de tiempo más después del regreso de tu padre."

"Oh está bien. Me cae muy bien mi abuela. Quiero que se quede con nosotras. Es muy divertida."

Elida se movía inquieta en su asiento y volteaba a ver su taza vacía que estaba enfrente de ella. Nunca antes se había sentido tan torpe y nerviosa y tan incomoda cuando platicaba con Paloma.

"Voy a tomar otro capuchino. ¿Te gustaría algo más de

helado o quizás algo para tomar?"

"Sólo un vaso de agua Mamá. Gracias."

"Este café está realmente delicioso," dijo Elida mientras regresaba a su mesa. "Está en su punto."

"Te extraño Mamì. Te extraño todos los días."

"¿Que quieres decir con eso de que me extrañas? Si siempre estoy a tu lado cariño."

"Cuando te alejas de mi, como en este momento lo hiciste. Te extraño."

"Paloma, eso que dices es tan dulce," le dijo Elida mientras acariciaba el cabello de su hija. "Yo también te extraño. Te amo más que a nada en este mundo. Y me encanta tomar café y comer helado contigo, solas tú y yo."

Como respuesta Paloma le regaló a su mamá una amplia sonrisa, la primera sonrisa que Elida había visto en días. La plaza se encontraba muy llena, pero considerando el momento, Elida se sentía muy cómoda con Paloma. Se sentía estupendamente, el primer sentimiento grandioso que tenía en muchos días.

"Vamos de compras Paloma."

"Cuando el asunto se pone difícil lo mejor es ir de compras, ¿verdad Mami?"

El asunto no se puso difícil Paloma. Todo va a estar bien."

La lluvia ya se había detenido cuando salieron de la plaza justo después de las 10:00 P.M. por lo que no tuvieron dificultad en caminar hasta el carro con las manos llenas de bolsas. Aparte de calcetas y ropa interior para Paloma; una blusa, un camisón de dormir, algo de maquillaje y una secadora para ella; un collar contra pulgas para Wolf y una lámpara para la oficina, fuera de eso Elida encontró muy poco por comprar en la plaza.

"¿No compraste nada para nosotros?" preguntó Tiago mientras Él y Renata estaban sentados en el sofá viendo televisión cuando ambas llegaron a casa.

"Ya sabes como son esas ofertas. Nunca tienen algo especial."

"Ya lo veo" dijo Tiago sonriendo mientras miraba la pila de bolsas en la mesa de la sala.

"¿Ya comieron hijos?" preguntó Elida.

"Ya mamá. Y ya lavamos los trastes también. Puedes relajarte."

"Gracias. Eso es lo que quería hacer. Voy a darme un baño de agua caliente."

"¿Te gustaría ver la televisión con nosotros?" le preguntó Tiago a Paloma mientras se quedó sola de pie en la mesa organizando las bolsas.

"No gracias. Mejor me voy a mi cuarto."

Paloma se encaminó a su cuarto. Pero antes se detuvo en el cuarto de sus padres. Esperó hasta que escuchó el sonido de la regadera. Luego entró al cuarto silenciosamente y se sentó en la cama del lado que se acostaba su mamá, cerca de la mesa de noche. Abrió el primer cajón del buró y vio una pila de papeles, entre los cuales reconoció muchos de los que ella había escrito y regalado a su mamá. Se quedó viendo inexpresivamente el contenido del cajón pero no tocó nada.

Para cuando Elida salió de la regadera, no habia rastro alguno de Paloma, ni de que hubiera estado en la habitación. Elida se vistió y se puso su nuevo camisón y se dirigió hacia la sala en donde el sonido de la televisión la distrajo del silencio que había en las recamaras.

"¿Dónde está Paloma?" le pregunto a sus dos hermanos.

"En su cuarto," dijo Renata con la cara metida en un cojín.

"¿Estuvo nerviosa en la plaza Mamá?"

"Estuvo mucho mejor de lo esperado. Gracias a ambos por ser tan comprensivos. Me voy a la cama. Apaga la televisión cuando terminen por favor."

"Buenas noches Mamá," le dijeron Tiago y Renata simultáneamente.

Elida tocó en la puerta de Paloma pero no obtuvo respuesta. Entró a la habitación solo para encontrar que Paloma dormia profundamente, aún vestida y encima de los cobertores. La cortina estaba abierta; la luz de la luna y el tenue pero reflejo majestuoso de los árboles de eucalipto iluminaban la cama. Elida le quitó los zapatos a Paloma, le puso los cobertores encima y suavemente la besó en la mejilla.

"Duerme bien hija" le susurró al oído a Paloma, "Duerme bien"

Capitulo 11

Elida se levantó temprano al siguiente día y preparó una taza de café caliente que llevó hasta la oficina en donde se sentó con entusiasmo ante su atril. El brillante sol de la mañana iluminaba la iglesia blanca y el camino adoquinado de su pintura, pero el muchacho sentado sobre la acera permanecía en su estado de ánimo sombrío.

Elida sólo trabajo por casi dos horas mientras su madre realizaba los rituales de la mañana de vestirse, hacer las camas, limpiar los cuartos y preparar el desayuno. Tiago se había ido a su práctica de fútbol a las 9:30 mientras que Renata y varias amigas más habían ido a la escuela para un lavado de autos. Paloma, sin tener ningún sitio en especial a donde ir, se tomó su tiempo con calma para terminar los pastelillos que su abuela le había hecho, deleitándose con su sabor que habían venido a sustituir los recurrentes waffles que siempre saboreaba en el desayuno.

"¿Puedo trabajar contigo?" preguntó Paloma a Elida metiéndose a la oficina después de haber desayunado.

"¿Le ayudaste a tu abuela a lavar los trastes?"

"Me dijo que no era necesario."

"OK. entonces. Ven, trabajemos juntas."

"¿Ya casi terminas con tu pintura?" preguntó Paloma mientras se mantenía de pie cerca del caballete de su madre, mirando curiosamente el cuadro.

"Casi. ¿Qué te parece?"

"Creo que el muchacho se ve muy triste."

"Es que está triste, en cierto modo."

"¿Por qué?"

"Porque no está muy seguro de lo que piensa de la iglesia que está a un lado en el cuadro. Él ve que la construcción es hermosa y sabe que en su interior se respira paz y tranquilidad. Pero afuera, en dónde él vive, las cosas no son así. Su vecindario es muy antiguo, lleno de carencias y sucio. Se pregunta a si mismo por qué únicamente la iglesia está limpia y hermosa."

Paloma se aprestó a preparar su propio caballete que Elida le había comprado y comenzó a dibujar con sus marcadores. Sus líneas eran precisas y cada forma estaba bien detallada aunque a primera vista Elida no alcanzaba a distinguir lo que su hija dibujaba.

"No mires Mamá," exclamo Paloma. "El arte toma tiempo, ya lo sabes"

Elida se rió expresivamente lo que llamó la atención de su madre quien pasaba por la oficina en ese preciso momento.

"¿Qué estás haciendo Mamá?" preguntó Elida.

"Oh sólo terminaba de lavar los trastes y pensé en ir a sentarme y leer un rato."

"¿Por que no te juntas con nosotras?"

Dora tomó asiento y se puso a leer en silencio mientras su hija y su nieta trabajaban diligentemente en sus respectivos proyectos. Paloma terminó su dibujo y empezó a explicárselo a Elida. Ella la escuchaba atentamente aún cuando el dibujo era tan claro y expresivo que no necesitaba explicación alguna. A la mitad del dibujo estaba un camino. A un lado del camino estaba una iglesia, era pequeña con un campanario pequeño también. Al otro lado del camino se localizaba una casa, que era enorme y con muchas ventanas. Parado enfrente de la casa estaba un muchacho, se dibujaba una amplia sonrisa en su cara que se veía más grande que la casa misma.

"¿Te gusta Mamá?"

"Si, pero al verlo se nota que mi cuadro no te gustó."

"Como crees, claro que me gusta tu pintura. Pero quiero que el muchacho se vea feliz, eso es todo."

Paloma se sentó en el escritorio de su padre. Miró su dibujo una y otra vez. Por su parte Elida continuó con su cuadro y Dora continuó leyendo. De pronto Paloma se puso a escribir sobre un bloc que había extraído del primer cajón del escritorio. Ocasionalmente ella hojeaba el diccionario de su padre que también extrajo del cajón. Elida la miraba con curiosidad pero no decía nada. Sin embargo, cambió de opinión cuando vio que su hija doblaba la hoja de papel en la que estaba escribiendo y la ponía dentro de un sobre, que había encontrado en otro de los cajones.

"¿Paloma que estás haciendo?" Ya sabes que no debes agarrar nada del escritorio de tu padre, especialmente cuando él no está en casa."

"No estoy haciendo nada mamá."

"Claro que estás haciendo algo. ¿Le escribiste una carta a alguien?"

Antes de que Paloma pudiera contestar, aunque se notaba que no tenía la menor intención de hacerlo, sonó el teléfono.

Elida tomó el teléfono rápidamente y se hizo una pausa durante algunos segundos mientras se establecía la comunicación con Orpet, quien estaba llamando de larga distancia desde Suiza.

"Si, Si. Te alcanzo a oír cariño; ¿Cómo estás?"

"Estoy bien," respondió Orpet desde el teléfono de la habitación de su hotel en Ginebra. Todo es bellísimo aquí Elida, muy hermoso."

Dora cerró su libro y alcanzó a escuchar parte de la conversación que se estaba llevando a cabo. Elida caminaba con el teléfono en sus manos y se acercó a la ventana mientras que Paloma la seguía por donde iba.

"Déjame hablar Mamì"

"Espérate Paloma, es una llamada de larga distancia, espera por favor."

"Es que quiero hablar, ahora!" dijo Paloma de nuevo con desesperación.

"Permíteme un segundo Orpet. Paloma, ya cálmate y espérate. Ve a la cocina y tráeme un vaso con agua y entonces podrás hablar cuando regreses."

Paloma así lo hizo sin darse cuenta que Elida lo que buscaba era que se alejara del lugar para hablar solas con su esposo.

"No lo sè Orpet," continuaba diciendo Elida por teléfono. "Las cosas están difíciles por aquí. Estoy preocupada."

"¿A que te refieres? Preguntó Orpet preocupado.

"Paloma ha estado muy nerviosa y se está volviendo todo tan complicado. Ella está bien, lo que quiero decir es que no es nada serio, pero está actuando de manera extraña, la veo nerviosa."

"Elida si ella se está portando mal debes castigarla. Tú no puedes permitirle que se siga portando mal.

"Ella no se porta mal Orpet. Està inquieta y nerviosa. Así lo veo. Ella es diferente y estoy preocupada. Conozco bien a Paloma y se que..."

Paloma regresaba en ese instante a la oficina con el vaso con agua que colocó sobre el piso a los pies de Elida.

"Déjame hablar con Papito," insistía.

Elida le pasó el teléfono a Paloma y se quedó de pie detrás de ella contra la ventana. Limpió sus ojos con la punta de sus dedos y respiró profundo tratando de calmarse.

"Papito, quiero que me traigas algo de Suiza."

"¿Que es lo que quieres que te lleve Paloma?"

"Un peine"

"¿Un peine? Preguntó Orpet con incredulidad. Bueno, no sé si aquí se especializan en peines pero ya veré que hago para conseguírtelo."

"Necesito un peine Papito."

"Te lo voy a llevar, te lo prometo, pero por favor pórtate bien y no le des problemas a tu madre."

"Papá...Te amo."

Paloma le pasó el teléfono a su mamá y salió del cuarto. Mientras tanto Elida comenzó a platicar de nuevo con su esposo, en ese momento entró de nuevo Paloma sólo para recoger el sobre que había preparado y corriendo salió de nuevo.

"Lo haré, así lo haré Orpet," Repetía Elida en el teléfono. "Te amo también. Regresa a casa pronto por favor."

"Relájate Elida," le dijo Dora a su hija después de colgar el teléfono. "Te estás preocupando demasiado. Necesitas relajarte un poco."

Elida no contestó. Limpió sus ojos húmedos y salió de la oficina.

"Me relajaré Mamá, no te preocupes" respondió a su madre mientras se dirigía a la puerta.

Elida hundió su cabeza en las almohadas y se enrolló alrededor de ellas. Luego levantó el libro de su buró y lo abrió en la página 17 que tenía en su interior varias hojas de papel que le había escrito Paloma y que servían también para ubicar la página fácilmente de inmediato. Hizo a un lado el libro y se puso a leer las hojas de papel primero.

"Mamá, te amo desesperadamente, Te amaré por siempre......"
"Cuando mueras Nunca te olvidaré..."
"Nadie me ama.
"Y si nadie me ama ¿para que existí?"
"Voy a morir cualquier día en mi infancia."

Dobló las hojas de papel y las volvió a meter dentro del libro en la página seleccionada. Mientras lo hacía, nuevamente le echo un vistazo al pasaje que aparecía en la página 17.

Tú eres el arco del cual tus hijos como flechas vivas
son lanzados.

El arquero ve el objeto sobre el sendero del infinito
y te inclina con su fuerza
para que su flecha pueda ir rapidamente y lejos.

Dejar tu inclinación en la mano del arquero
sea para la felicidad...

Tiago y Renata llegaron a casa con diferencia de minutos uno de la otra justo después de la 1:00, y ambos llegaron muertos de hambre. Los dos habían llegado muy sucios por lo que Elida los envió de inmediato a bañarse en lo que les preparaba algo sabroso para almorzar. Elida encendió el radio de la cocina y le subió el volumen muy fuerte, como si al hacerlo la música le ayudara a ausentarse por un momento de sus preocupaciones. Pareció funcionar la táctica. Porque se puso a bailar a un lado de la estufa y parecía no importarle que la grasa de las papas a la francesa estuvieran salpicando todo alrededor. Tomó un paquete de carne que sacó del refrigerador, le quitó el plástico que lo cubría y lo colocó en posición para cocinarla.

El radio continuaba tocando y sus ondas diseminándose por toda la cocina, mientras tanto Elida rebanaba algunos tomates, lavaba algo de lechuga y colocaba algunos platos sobre la mesas seguía bailando con su propio estilo y por poco y tropieza con Wolf al hacerlo. La parrilla para asar se localizaba afuera en el patio cerca de la piscina por lo que le tomó a Elida algunos minutos llegar hasta allá. Y eso era exactamente lo que necesitaba Wolf.

Con el conocimiento de saber exactamente a donde ir y que hacer, Wolf olfateó por la puerta de la cocina y ubicó de inmediato el paquete de carne por lo que en segundos éste desapareció. Y unos segundos más bastaron para que wolf regresara a su lugar acostumbrado debajo de un árbol dentro del patio no muy lejos de Elida. Mientras tanto, Elida levantaba la parrilla para prepararla sin saber que no quedaba nada para asar en la cocina.

"! Diablos!" gritó Elida tan fuerte que apagó el ruido que salía del radio al regresar a la cocina. Tiago y su abuela entraron rápidamente a la cocina para enterarse lo que estaba pasando y Renata, aún en toalla y con su cabello mojado y goteando venía detrás de ellos. Elida se dejó caer sobre la silla de la cocina y con su cara entre sus manos. Dora se imaginó lo que había sucedido y recogió los restos de la envoltura de plástico del piso y comenzó a moverlo enojadamente ante los ojos de Wolf que permanecía quieto e inocentemente afuera de la puerta de la cocina como si nada hubiera pasado.,

"Renata" preguntó Elida "¿Te acuerdas de la pizzería que está cerca?"

Esa fue la solución. Elida tuvo que pedir una pizza grande de queso con papas fritas. Tiago colocó unos platos de cartón sobre la mesa de la sala mientras que Renata puso una película en el reproductor.

"¿En donde esta Paloma?" preguntó Elida mientras servía las rebanadas de pizza.

"Creo que está en su cuarto Mamá," contestó Renata mientras comía. Elida dejó su plato a un lado y se dirigió al cuarto de Paloma. La vio sentada en su pupitre bajo de una luz tenue, escribiendo.

"Paloma ven a comer pizza con nosotros."

"Ya voy mamì. Enseguida voy."

"¿Estás escribiendo de nuevo?. ¿Ahora que escribes, un libro?"

"No, no es un libro Mamá. No es nada. En seguida voy para allá."

Salió Elida del cuarto y caminaba hacia la cocina cuando escuchó un grito que denotaba molestia.

"! Diablos!" resonó la voz de Paloma por toda la casa.

"¿Qué pasa Paloma?" preguntó Elida después de regresar al cuarto.

"Mi lápiz. No lo encuentro."

"Sólo búscalo"

"Ya lo hice. Hace un momento aquí estaba y ahora no lo encuentro."

"Tranquilízate Paloma. Deja de gritar"

"Es que no encuentro mi lápiz. Y sé que está aquí."

"Paloma deja de gritar!"

"Mamá, Paloma, por favor ambas cálmense y dejen de gritar." Les dijo Renata a ambas mientras se agachaba y de rodillas buscaba debajo del pupitre el famoso lápiz. Lo localizó y lo jaló para entregárselo a su hermana. "Aquí está tu lápiz Paloma".

"Gracias Renata. Muchas gracias"

"De nada Paloma," dicho esto Renata salió del cuarto y regresó a la sala. Elida se quedó de pie en la puerta en silencio y en cierto modo pasmada.

"Uff Mamá," Paloma exclamó en referencia al incidente. "Renata encontró el lápiz tan fácilmente. Es como si fuera casi mi madre y tu mi hermana."

Elida no respondió nada. Estaba enojada, confusa y ansiosa.

Se las arregló para irse a descansar mientras Renata, Tiago y Paloma veían películas en el reproductor. Este descanso lo anhelaba desesperadamente y fue lo mejor ya que parecía que la noche no lo permitiría para nada.

La noche era fresca y un ligero viento golpeaba continuamente contra los vidrios de las ventanas de todos los cuartos. Elida yacía recostada en su cama completamente sola, anhelando la compañía de su esposo. Se enrolló el cobertor en su cuello y apagó la luz para iniciar su descanso cuando fue sacudida por un grito agudo.

"!Mami, ¡Mami!" Gritaba Paloma desde su cuarto con voz desesperada. Elida corrió a su cuarto y encendió la luz.

"¿Qué pasa Paloma?" ¿Qué sucede?"

"No puedo dormir Mami."

"Pero ya es tarde Paloma y tienes que dormir, tienes que ir a la escuela mañana."

"Pero no puedo dormir Mami. Déjame ir a tu cama."

"¿No estabas durmiendo en absoluto?" preguntó Elida mientras se encaminaba junto con su hija rumbo a su recamara.

"¿Pudiste dormir algo?"

"No. No dormí nada ni soñé nada."

Paloma se subió a la cama de sus padres y se acurrucó en la almohada de su papá. Elida la tapó y acomodó el suave y sedoso cabello de su hija contra la almohada.

"Cierra tus ojos y duerme Paloma."

"Mamá, ¿me podrías llevar en el carro mañana a la escuela?"

"Paloma, ya te llevé dos veces la semana pasada. Puedes tomar el autobús escolar. Ahora, duérmete por favor."

"No mamá, no quiero viajar en el autobús mañana."

"Mamá, ¿podemos rezar?"

Elida levantó su cabeza de la almohada y se quedó viendo a su hija con incredulidad. Paloma nunca había querido rezar con ella de noche. Besó a su hija en la mejilla y sonrió.

"Si, oremos."

Paloma comenzó a rezar en voz baja y pausadamente y Elida le hizo segunda, pero únicamente por un momento.

Quedó impactada por lo que decía Paloma en su oración.

"Querido Señor, antes de ir a la cama, por favor escucha mi ultima plegaria. Gracias por toda tu ayuda de hoy y perdóname por todo malo que haya hecho. Estoy verdaderamente arrepentida. Cuida de mi madre, de mi padre, de mi hermano, de mi hermana y de todo lo seres que yo amo. Que las almas que ya partieron gocen de tu clemencia, y descansen en paz. Amen,"

"Buenas noches Mamá." Susurró Paloma

"Bunas noches Paloma."

Aunque la noche fue tranquila, Elida no pudo conciliar el sueño. Tenía cerca a Paloma que dormía inquieta y se la pasó dando vueltas en la cama constantemente toda la noche. Cuando el sol de la mañana asomó tímidamente por la ventana del cuarto, Paloma fue la primera en levantarse. De hecho se tropezó, mientras iba hacia el baño. Se veía cansada e irritada. Elida también estaba cansada y al ver irritada a Paloma la hizo ponerse de más mal humor.

"Mamá, ¿podrías preparar algo de desayuno para los niños?" le preguntó Elida a Dora. "Es que tengo que vestirme y salir. No voy a tener tiempo para desayunar."

"El desayuno ya está en la mesa Elida. Ven, toma algo de café. Te sentirás mejor."

Elida estubo de acuerdo y se sintió un poco mejor mientras tomaba su taza de café en la mesa de la cocina. Tiago fue el primero en unírsele para desayunar y no lo pensó dos veces para comenzar a comerse los huevos fritos que su abuela le había preparado.

"Como ya sabes Mamá hoy tenemos sólo medio día de clases Renata y yo" le dijo a Elida.

"Lo sé cariño," respondió. "Probablemente yo esté en donde se construirá la casa cuando ustedes regresen a casa y después voy a ir por Paloma a su escuela. Así que coman en cuanto lleguen y hagan sus tareas. ¿Tienes llave verdad?"

"¿Vas a ir por Paloma otra vez a la escuela Mamá?" preguntó Renata que ya había entrado a la cocina y comenzaba a servirse un vaso de jugo de naranja.

"Sólo para traérmela en el carro a casa. Ya ven que no le gusta viajar en el autobús escolar por alguna razón."

"! Por Dios Mamá!," le dijo Renata mientras se sentaba en la mesa, "¿Vas a desviarte de tu camino siempre sólo para ir a recogerla a la escuela nada más porque no le gusta viajar en el autobús?"

"Renata, por favor..." intervino Elida rápidamente y luego le hizo una señal de que se callara porque Paloma llegaba a la cocina. Sus ojos se veían cansados y su cara desganada pero su cabello se veía notablemente brilloso y limpio. No se contuvo y acarició la linda cabellera de su hija por unos momentos.

"¿Quieres que te haga un huevo Paloma?" preguntó Dora. "Si gustas te puedo hacer uno rápidamente."

"No gracias abuela, sólo voy a comer algo de pan."

"De cualquier modo," dijo Renata, "ya sabes Mamá que hoy tenemos sólo mediodía de clases."

"Ya lo sé," replicó Elida. "Te importaría ayudar a tu abuela hoy con el almuerzo Renata?"

"Claro que no tengo inconveniente, ¿Qué vamos a almorzar? Espero que no sea carne molida."

"Que graciosa" le dijo Elida provocando la risa de Tiago al recordar el incidente de Wolf y la carne.

Elida se tomó una segunda taza de café y Dora hizo lo mismo. Tiago y Renata por su parte terminaron de comer, levantaron sus platos y salieron corriendo a la parada de autobuses. Elida los quedó observando mientras partían y se dijo a si misma lo afortunada que era. Eran muy buenos hijos. Pensó que debió habérles dicho lo que opinaba de ellos antes de que se fueran.

Paloma mientras tanto, que se había sentado entre su madre y su abuela, escogió su pieza de pan para comer.

"Tu cabello está tan suave y sedoso hoy cariño," le comentó Elida. "No creo haberlo visto así de bello antes. Te ves tan hermosa, como si fueras a una fiesta."

Paloma le contestó con una media sonrisa y escogió otra pieza de pan para comer. Elida se levantó de la mesa y tostó una pieza de pan para ella. Le untó algo de mantequilla y se sentó a comérselo gustosamente con su café.

"Bien, ya es hora de irnos Paloma," le dijo a su hija al tiempo que se levantaba de la mesa ya concluido el desayuno. "¿Si quieres que te lleve tenemos que irnos ahora mismo."

Elida calentó el motor del carro en la cochera mientras Dora terminaba de anudar el listón trasero del vestido rosa de Paloma. Era una calurosa pero fresca mañana y pese a ello Paloma sintió un pequeño escalofrío al salir de casa y caminar hacia el carro. Se despidió de su abuela y le mandó un beso. Todo parecía tan simple y rutinario para Dora. Todos los días y a cada momento, la abuela se mostraba paciente, amorosa y comprensiva. Frecuentemente Elida se preguntaba a si misma como era posible que una viuda, como era su madre, pudiera ser tan complaciente y agradable todo el tiempo. Lo cierto era que la vida para ella no era triste ni amarga, su filosofía era que la vida tenía que continuar y eso era todo. El hecho de perder a su esposo, el padre de Elida, fue muy doloroso claro estaba, pero Dora se las había ingeniado para seguir adelante con su vida y sacar el máximo de provecho a cada momento de su existencia. Quizás por ello Elida pensaba, mientras subía Paloma y se sentaba en el asiento trasero del carro, que debiera aprender un poco más de la fortaleza de su madre. Eso seguramente es lo que le hacía falta.

"Llegaré por ti a la escuela a las 2:30," le dijo Elida a Paloma mientras conducía y salía del fraccionamiento. "Buenos días Salvador," le grito Elida al guardia desde su ventanilla.

"No te tardes Mamá."

"No llegaré tarde Paloma. Espérame en la escalinata del frente y ahí estaré puntual."

"Gracias Mamá," le agradeció Paloma sinceramente.

Paloma veía por la ventanilla con la mirada inexpresiva mientras se dirigían a la escuela. Durante el trayecto Elida quiso entablar alguna conversación con su pequeña pero las palabras no salieron de su boca. Sorprendentemente, se sentía nuevamente incomoda de tener cerca a Paloma. Por fin llegaron a la escuela justo segundos después de que lo hiciera el autobús escolar y se estacionó en la acera. Elida detuvo el carro detrás del autobús y salio del vehículo con Paloma. Acarició nuevamente la cabellera de su hija y la abrazó fuertemente.

"Paloma, te ves tan hermosa hija," le dijo con una radiante sonrisa.

"De verdad hija que hermosa eres. Que tengas un bonito día Paloma."

"Adiós Mamá, gracias."

"Oye ¿no se te olvida algo?," le dijo Elida maliciosamente, "¿Qué tal un beso?"

Paloma se detuvo en el primer escalón de la entrada a la escuela. Ligeramente presionó sus dedos contra sus labios y le envío a su madre un beso. Luego se dio la vuelta y siguió subiendo las escaleras hasta quedar fuera de la vista de Elida.

Elida tomó su carro y se dirigió directamente hasta el sitio de la construcción de su casa para reunirse con el contratista general. Elida se puso feliz ante la perspectiva de distraer su mente un poco de sus preocupaciones sobre los problemas de Paloma. Durante horas estuvo reunida con el contratista viendo los detalles de la construcción sin darse cuenta que el tiempo había volado. "¿Elida, que sucedió? Le preguntó Dora a su hija mientras entraba corriendo a la cocina. "Creí que ibas a ir directamente por Paloma a la escuela"

"Así es Mamá. Pero se me pasó el tiempo volando y luego me di cuenta que algo se me había olvidado aquí por eso se me hizo tarde pero ya voy por ella."

Sin ni siquiera detenerse por un momento, Elida recogió el recibo de la tintorería que se le había olvidado y que la obligó a regresar a la casa y salió nuevamente de prisa. Puso la llave en el encendido y giro pero no respondió el sistema de arranque. Lo intentó de nuevo pero nuevamente nada pasó. El carro no quería arrancar. Siempre arranca pensó para si misma mientras insistía una vez más sin resultado alguno. "¿Que estará pasando? " "¿Que diablos está pasando?" dijo ya con desesperación.

Elida regresó a la casa de prisa y se fue directo al teléfono. Llamó a la escuela y suplicó que alguien le diera el mensaje a Paloma de que abordara el autobús de la escuela porque su mamá tenía problemas con el carro. Suplicó nuevamente que le dieran ese recado de inmediato a su hija y colgó.

Elida regresó al carro para intentar nuevamente arrancarlo. Bombeo el pedal una vez más y giró la llave de encendido. Se forzó un poco el motor pero finalmente arrancó.

"No puedo creerlo," gritó furiosamente

"¿Y ahora que vas hacer?" le dijo Dora

"Esta entupida máquina por fin arrancó. Voy a ir a la escuela para ver si Paloma tomó el autobús a tiempo. Enseguida vuelvo Mamá."

Elida aceleró el carro nerviosamente para dirigirse hacia la salida y tomar rumbo de prisa a la escuela. "Vaya más despacio señora." Le hizo la observación el guardia mientras pasaba por la caseta de acceso.

"Lo siento Salvador."

Elida llegó a la escuela en casi la mitad de tiempo de lo que normalmente hacía pero aún así con calma se orilló para estacionarse. Vio el minibús dorado que en ese momento se enfilaba hacia la salida. Luego volteó hacia la escalinata de la entrada a la escuela y obviamente estaba vacía. Paloma no estaba y seguramente había tomado el autobús. Elida dejó escapar un suspiro, se recargó sobre el volante y golpeteo sobre el tablero.

"Entupido carro. Dios Mió como detesto este día"

Arrancó el carro de nuevo y lo encamino rumbo a su casa tan rápidamente como pudo con tal de no perder nuevamente el paradero de Paloma. El autobús hizo una parada justo antes de entrar al fraccionamiento por lo que Elida se las arregló para llegar a casa antes de que lo hiciera Paloma. Así lo hizo y llegó a su cochera antes de que los padres de familia se congregaran en la parada del autobús.

"No la alcanzaste, ¿verdad?" le dijo Dora a su hija cuando entraba a la casa.

"Así es Mamá. Sé que se va a poner fúrica porque no llegué por ella."

"¿Qué pasa Mamá, preguntó Renata?"

"Nada Renata. Sólo que ha sido un día muy agitado y pésimo. Voy a la parada de autobuses por Paloma. Enseguida vuelvo."

Elida salió con paso lento de la casa, agotada y completamente estresada. Su cuerpo amenazaba con desvanecerse en cualquier momento conforme avanzaba en su paso hacia la parada del autobús.

Paloma estaba sentada sola en la primera fila del lado derecho del camión. Su cabeza se divisaba en la parte alta del asiento conforme se movía el camión, y el hecho de que la noche anterior ella no había podido dormir bien la puso algo somnolienta durante el breve trayecto. Cuando el Sr. Castro apagó el autobús al llegar justo al acceso del fraccionamiento, Paloma abrió los ojos brevemente y alcanzó a ver a Salvador. Sus ojos se cerraron de nuevo y su cabeza se ladeó mientras el camión retomaba su curso.

Algunos niños que iban detrás de Paloma reconocieron que estaban acercándose a la parada donde bajaba normalmente la niña, así que llamaron su atención para que despertara y se aprestara a descender. Lenta y torpemente ella reaccionó levantando su cuerpo fuera del asiento y se paró en el pasillo mientras el camión seguía su curso moviéndose, pero los ojos de la pequeña estaban medio cerrados y ella se sentía aturdida.

Y entonces, reinó la confusión, el caos y la incredulidad por segundos, la debilidad de Paloma y su rendido cuerpo se abalanzó hacia delante hasta caer. Ella extendió su brazo para evitar la caída pero en su intento agarró la palanca que abría las puertas del autobús. Antes de que el Sr. Castro pudiera reaccionar o ver siquiera lo que estaba sucediendo en ese momento a sus pies, Paloma tropezó en los escalones y cayó de cabeza sobre la calle.

Justo a unos metros, Elida y los demás padres de familia vieron la escena horrorizados y espantados de ver el cuerpo de Paloma doblarse torpemente sobre el suelo.

Antes de que los gritos desesperados y la histeria llegara a los oídos del conductor, las llantas traseras del autobús pasaron por encima del endeble y frágil cuerpo de la niña, aplastándola contra el pavimento.

Elida dejó escapar un grito de dolor inenarrable que retumbó completamente por los alrededores que normalmente permanecía tranquilo y callado. Renata salió por la puerta de su casa y corrió despavorida hacia donde provenían los gritos mientras veía enloquecidamente los rostros desencajados y llenos de horror de los ahí presentes. Elida se abalanzaba impotentemente sobre el inerte cuerpo de Paloma que yacía sin movimiento sobre el piso. El autobús se orilló a un lado del camino y el Sr. Castro tropezadamente bajo las escaleras y se colapsó a un lado de donde estaba Elida. Los demás niños bajaron asustados y desconcertados de prisa también pero de inmediato fueron retirados de la escena por algunas madres presas de la histeria. A los poco segundos, Salvador había llegado al sitio del accidente en respuesta al tumulto que se hizo.

"Oh Dios Mió," gritaba Elida una y otra vez. "Paloma, ¡mi Dios ayúdame, ayúdame por favor!

"! Vayan y llamen a una ambulancia!" gritaba el Sr. Castro a Salvador "!Ahora mismo!"

"Yo la puedo llevar," dijo Salvador. "súbanla a mi carro y vámonos de inmediato."

"! Oh Dios Mío! Esto no puede estar sucediendo" continuaba Elida deshaciéndose en dolor mientras jalaba contra su pecho el cuerpecito de su hija, y sus ojos seguían inundados incontrolablemente.

"Mamá ¿qué es lo que sucedió?" gritaba histérica Renata, jalándose el cabello nerviosamente mientras veía a su hermanita postrada en el pavimento.

"! Llévenla al hospital de inmediato, ahora mismo!" insistía desconsoladamente el Sr. Castro.

Entre varias madres ahí presentes levantaron a Elida mientras el Sr. Castro y Salvador levantaban a Paloma suavemente del piso "! Váyanse y Déjenme con mi pequeña!"

gritaba Elida, agitando sus brazos incontrolablemente "!Denme a mi hija!"

Las demás mamás la guiaron hasta el asiento trasero y mientras ella se aferraba al cuerpo de su hija a quien sostenía entre sus brazos. Renata subió al carro de un vecino apresuradamente siguiendo al carro de Salvador que velozmente tomaba rumbo hacia la ciudad. Uno de los demás vecinos localizó a Tiago y le aconsejó que mejor se quedara en casa a tranquilizar a su abuela.

Salvador corría a toda prisa el vehículo pasándose dos altos y estuvo a punto de atropellar a un motociclista en uno de los altos que no respetó. Elida cerró sus ojos fuertemente y movió su cabeza queriendo creer que todo era un mal sueño y que al despertar de nuevo vería los ojos de Paloma abrirse como si nada hubiera pasado.

"¿Ya estoy muerta mamá?" preguntó Paloma con una voz casi inaudible que se iba apagando.

"No cariño. Por dios te prometo que no te vas a morir."

"Si me voy a morir mamita."

"No Paloma. Te estamos llevando al hospital para que te pongas bien."

"No mamita. Me voy a morir. Me voy a morir. "

Paloma se movió lentamente aferrándose a Elida y una mueca de dolor se dibujó en su rostro. Elida desesperadamente veía hacia afuera por la ventanilla y en un segundo volvía a posar sus ojos en el cuerpo de su pequeña hija. No había rastros de sangre pero se notaba claramente su cuerpo partido en dos justo en donde habían pasado las pesadas llantas sobre su pequeño cuerpecito que mostraba un aspecto grotesco. Ella seguía quejándose mientras sus ojos se movían perdidamente sin aquella típica luminosidad en su mirada.

Elida acariciaba su hermosa cabellera y comenzó suavemente a cantarle una canción que recordaba de la iglesia. Los ojos de Paloma se fijaron firmemente en los sonidos que brotaban de la voz de su madre. "Jesús me ama....y yo espero que..."

"No cantes Mamita...no cantes..."

Elida dejo de hacerlo y bajó la mirada para ver a su hija con total incredulidad y dolor. Paloma cerró sus ojos y yacía inmóvil.

Salvador manejaba como un demente el vehículo hasta que

llegó a la entrada de la sala de urgencias de un hospital. Frenó bruscamente y bajó del carro, abrió la puerta para que Elida bajara y con la ayuda de un asistente del hospital, levantaron cuidadosamente a Paloma y la llevaron de prisa al interior.

"! Aguanta Paloma! ¡Resiste por favor!

Momentos después, dentro del pasillo del hospital, Renata agarró la mano izquierda de su madre y la detuvo En su intento de ir corriendo detrás del cuerpo de su hija. Las dos se fundieron en un abrazo, hundiendo sus cabezas en los hombros de cada una. Una enfermera rápidamente había ido a traer una silla de ruedas para que se sentara Elida.

"Por favor tranquilícense. Los doctores ya están checando a su hija en este momento. El cuarto de urgencias está al final del corredor."

Renata movió a su madre hacia la pared y se paró a un lado ella firmemente sosteniéndola y la tomó de la mano con más fuerza de la que ella quizás hubiera querido.

"Ella va a estar bien Mamá. Sólo se lastimó el estomago, pero va a estar bien."

"¿Dios mío cómo pudo suceder esto?" continuaba Elida diciendo sin parar de llorar incontrolablemente. "Ella no quería viajar en ese maldito autobús. Y mi maldito carro no me permitió ir por ella y la abandoné a su suerte"

"Mamita por favor. Ella va a estar bien. Ella estará bien. Lo sé."

Elida golpeaba nerviosamente sobre la silla de ruedas y volteaba a ver hacia el pasillo de urgencias totalmente desconsolada mientras allá adentro todo era actividad. Súbitamente se acordó que Orpet estaba a miles de kilómetros de distancia desconociendo totalmente lo que estaba sucediendo. Nada sucedía en la familia sin que él estuviera enterado, pensó para sus adentros. Él siempre estaba ahí cuando se le necesitaba, era la piedra angular que sostenía a todos y en la que toda la familia se apoyaba.

Se acordaba de lo fuerte y valiente que él fue cuando Renata cayó de los columpios de la escuela y por poco y se fracturaba su columna vertebral. Él supo controlar la situación, supo consolar en los momentos difíciles y aseguró que Renata estaría bien y así fue. Elida recordaba también en ese momento el abrazo de felicidad que le dio a él cuando los doctores dijeron que la lesión no era nada de cuidado finalmente.

Sin embargo, continuaba golpeando la silla de ruedas como para desquitarse de lo que estaba siendo victima y descargar toda su ira por lo que estaba sufriendo su hija.

Finalmente la puerta de urgencias se abrió y Elida salto de la silla. Renata, que aún se mantenía fuerte y valiente sin derramar ninguna lágrima tratando de asumir el papel de su padre y reconfortar a su madre, agarró fuertemente a Elida del brazo y la sentó de nuevo. Tres doctores con sus uniformes de un blanco tan perfecto como jamás había visto antes Elida, venían hacia ella con las cabezas bajas mientras caminaban. "Mis salvadores," pensó Elida para sus adentros mientras los veía venir.

Su mente corría con ansiedad mientras ellos se aproximaban. Ella espero a que alguno de ellos se acercara para decirle algo, pero encontró sólo silencio, un pavoroso y frío silencio. Uno de los doctores por fin se acercó lentamente a ella, levantó la cabeza y tratando de sacar fuerzas se quedo viendo a Elida directamente a los ojos mientras movió su cabeza para indicar que no se había podido salvar a la niña.

Paloma estaba muerta.

Capitulo 12

La operadora del hotel "Beau-Rivage" en Ginebra dejó que sonara el teléfono en el cuarto 421 hasta seis veces antes de avisarle a uno de los colegas de trabajo de Orpet y quien se había desplazado hasta su casa en Sao Paulo después de enterarse de la tragedia. Nadie contesta en su cuarto fue la respuesta de la operadora.

"Por favor intente de nuevo, es sumamente urgente." Volvió a insistirle a la joven en su mejor inglés posible.

"Señor. Estoy seguro que no hay nadie en el cuarto en este momento, pero si gusta dejar un mensaje, le aseguro que le haré llegar ese mensaje urgente en cuanto localice a la persona que busca"

"Está bien, Gracias."

Renata tomó el teléfono en la cocina al primer timbrazo, era uno de sus tíos que llamaba desde Río.

"¿Dónde está tu madre, Renata?"

"Ella está aquí, pero no creo que quiera hablar con alguien"

"Lo entiendo. Está bien. ¿Quien más está ahí?"

"Tiago y mi abuela están aquí por supuesto. También algunos vecinos. Más otras gentes que ni siquiera conozco. Ya te imaginaras todo es confusión aquí."

"Si me imagino. Sólo sé fuerte cariño y ayuda a tu madre lo más que puedas. Ya están saliendo para allá algunos de tus tíos y tías para estar con ustedes. ¿OK?"

"Si. Está bien."

Orpet estaba en el lobby del lujoso hotel esperando algunos colegas con los que había viajado a la conferencia. Había pasado el día libre recorriendo algunos lugares típicos. Comió algo de fruta y queso en el almuerzo en un pequeño café, con la intención de hacer la comida fuerte con platillos de la región. Sin ninguna idea de lo que había sucedido horas antes en Sao Paulo, se reunió con el primer colega que alcanzó a ver en el lobby para comentar lo placentero y hermoso que había resultado el día hasta entonces. Otros dos asistentes a las conferencias, uno de Inglaterra, y el otro de Francia, se reunieron con Orpet en ese momento y todos juntos salieron a esperar un taxi.

Elida totalmente aturdida salió de la puerta principal y se agarró de un poste de madera del pórtico para apoyarse. El aire de la noche enfrió su ya entumido cuerpo. Miró hacia la calle y vio su carro estacionado inocentemente. Lo maldijo con sus ojos y luego desvió su mirada del vehículo rápidamente. Con la mirada siguió la línea de árboles a lo largo de la calle hasta detenerse en la parada del autobús escolar donde no quedaba absolutamente ningún rastro de lo que trágicamente había sucedido horas antes. Mientras sus ojos vagaban, notó la calma y tranquilidad que reinaba en los alrededores. Algunos segundos después, sin embargo, parpadearon sus ojos y sacudió la cabeza recordando exactamente lo que había sucedido. Paloma había muerto. No había paz en absoluto.

En Rua Campo Sales mientras tanto, Lourdes lloraba desconsoladamente y entre palabras decía "¿Dios Mío como pudo suceder esto?"

"Y con Orpet fuera del país," agregó su hija. "Nada en esa familia se llega a dar sin que Orpet se involucre. Pero así sucede. No puedo creerlo aún."

"¿Cómo va a reaccionar Orpet volando a casa sabiendo que Paloma ha muerto?"

Por el momento Orpet aún no lo sabía. Tomó asiento en una mesa grande de un exquisito restaurante de estilo francés. La comida Suiza generalmente es conocida como exquisita. Y así fue. El filete de alcàndara del lago de Ginebra que Orpet ordenó resultó ser el pescado más delicioso que haya comido jamás.

Después de comer, entró al lobby del hotel y se fue inmediatamente a su cuarto. Tan pronto como entró, vio parpadear las luces rojas del teléfono. Se metió al baño para lavarse la cara y cuando el agua fría salpicó contra sus manos, se imaginó que sus planes para el siguiente día seguramente iban a cambiar de nuevo y que de seguro quien llamaba era algún colega que le iba a avisar que tenían que regresar a Sao Paulo. Se secó las manos y cara y levantó el teléfono.

"Si por favor, estoy hablando del cuarto 421. ¿Tengo un mensaje?"

Esperó pacientemente en el teléfono por un instante mientras la operadora del hotel fue a checar el mensaje. Cuando regresó y le dio un número al que tenia que llamar, le agradeció a la operadora educadamente y colgó. Antes de que pudiera siquiera detenerse y pensar lo que pudiera estar pasando, Orpet decidió marcar de inmediato al número de su hermano. Sólo sonó una vez el timbre del otro lado.

"Hola"

"Oye, soy yo, Orpet. Tengo un mensaje. ¿Que sucede?"

"!Orpet! ¿Oye en donde estabas?"

"¿En donde estaba?" ¿Quien habla? ¿Mi hermano o mi madre?"

"Orpet, escúchame con mucha atención. Algo ha sucedido....a Paloma."

"¿Qué sucedió?"

"¿Se lastimó?"

"¿En dónde?"

"En el autobús"

"¿Qué tan mal està?"

"Está mal Orpet."

"¿Acaso es algo fatal?

No hubo ninguna pausa, de pronto la voz del hermano de Orpet se quebró. Por un momento pensó que si no le dijera la verdad tal vez sería lo mejor para que viajara de regreso más tranquilamente. Seguía el silencio. Pero Orpet, siempre tan inteligente e intuitivo había lanzado la pregunta muy directamente. Era raro que alguien pudiera esconder o mentir a Orpet porque tenía la rara habilidad de intuirlo. Él seguramente se lo imaginaba. Además, como era posible que tendría que volar a casa renunciando a un importante viaje de negocios. Así que tomó valor y respiró profundamente.

"Si, es fatal."

Se hizo un gran silencio. Orpet oprimió el teléfono en su mano y lo empujó hacia su cuello. Con su otra mano se agarró la cabeza y se la presionó también. De pronto sintió un dolor agudo que laceraba su cabeza y recorría todo su cuerpo. En el otro lado de la línea, el hermano de Orpet cerró los ojos y rezó pidiendo haber hecho lo correcto. No estaba seguro. Finalmente, habló suavemente.

"Orpet..."

"Te escucho....Tomaré el siguiente vuelo."

La luna brillaba en lo alto del cielo con un extraño gris pálido que proyectaba un resplandor ominoso sobre el campo de golf. La temperatura había caído notablemente y un pequeño pájaro negro revoloteaba sus alas sobre la rama de un árbol y como pudo tomó camino en el aire aparentemente buscando un lugar más calido donde pasar la noche.

Elida alcanzó a ver el pájaro mientras volaba en lo alto de los árboles de eucalipto y de inmediato vino a su mente el recuerdo de aquel día cuando Paloma rezó por la vida de otro pajarito igual. Se alejó de la casa y se acercó al césped de la acera principal. Sus piernas cansadas se doblaron y cayó, hundiendo su cara y lágrimas en la hierba.

"! Mamá! ¿Qué sucede?" gritó Renata mientras veía a su madre a lo lejos desde el pórtico y se fue corriendo tras de ella. "! Mamá por favor!".

Renata levantó a su madre y la arropó entre sus brazos. Lentamente ambas comenzaron a caminar bajo la guía de la cansada luz que reflejaba la luna.

"Mamá, ¿Qué podemos hacer?"

"No lo sé Renata, No lo sé."

"No puedo creerlo que haya muerto Mamá. Y de esa forma."

"No lo sé Renata. No sé nada."

La hilera de árboles de eucalipto permanecía en su sitio como mudos testigos de lo que estaba aconteciendo. Así como Elida siempre los había admirado antes al verlos, ahora todo se veía tan distinto. Orpet estaba tan lejos, y ahora Paloma más lejos aún y los árboles en su sitio como si nada hubiera pasado.

El taxi de color amarillo era conducido de prisa por las calles de Ginebra tan rápido como podía pero aún así Orpet le suplicaba al chofer que fuera todavía más de prisa. Sin ninguno de sus documentos o equipaje o pensamientos en orden, Orpet tenía poca idea de la manera como iba a regresar a Brasil. El chofer le aseguro que habría vuelos por lo menos a Londres o Paris y que estarían en el aeropuerto en sólo cuestión de minutos. Orpet le respondió que no había fundamento para asegurar tal cosa.

Por fin llegaron al aeropuerto de Ginebra y en cuestión de minutos Orpet salió de prisa del auto para entrar al aeropuerto. Se dirigió de inmediato a la ventanilla, en donde le dijeron que había un vuelo a Londres para abordarse en quince minutos, y que de ahí sería más fácil encontrar vuelo directo a San Paulo. En respuesta Orpet puso sobre el mostrador su pasaporte, su equipaje y su tarjeta de crédito y sin perder tiempo habló con un agente, exigiéndole atención inmediata de una autoridad. Le explicó rápidamente la emergencia que tenía y minutos más tarde estaba ya en camino para abordar su avión.

Comenzó a correr para alcanzar la puerta de abordaje cuando de pronto se detuvo repentinamente en frente de una tienda de regalos. Entró a la tienda y comenzó a caminar de un lado a otro nerviosamente.

"¿Lo puedo ayudar?" le preguntó una empleada de la tienda, en francés y luego en inglés.

"No, sólo estoy buscando algo, · contestó Orpet en inglés.

Seguía buscando por los pasillos de la tienda ante la mirada curiosa de la empleada.

"Por favor señor, permítame ayudarle a encontrar lo que busca."

Orpet no respondió a la mujer que permanecía detrás del mostrador, y en silencio comenzó a seguirlo discretamente esperando que no fuera un lunático o un ladrón de tiendas. Al verlo entrar hasta sonde estaba la caja registradora le grito para que saliera de esa área.

"! Señor! Salga de ahí o llamaré a seguridad."

"Lo encontré," dijo Orpet mientras tenía en sus manos un recipiente de vidrio que estaba precisamente detrás de la caja registradora.

"¿Un peine?" preguntó la mujer con duda y curiosidad.

"Si. Necesito comprar este peine."

Capitulo 13

Su rostro era angelical. Ni siquiera en vida su belleza había sido tan evidente. Parecía como si su muerte hubiera dejado salir su espíritu a la superficie y todo su ser también

Su larga cabellera rubia brillaba inmensamente y rebosante con un especial resplandor energizante. Su cara levemente maquillada se veía inmaculada y pura. Era el vivo retrato de la magnificencia y el encanto.

Su rostro asemejaba a una nueva muñeca de porcelana en plena exhibición en el escaparate de una lujosa tienda. Pero al igual que la muñeca, su delicada belleza era ahora cosmética y superficial. En su interior sólo existía un vacío; sin alma, sin corazón y sin vida.

Las lagrimas y las escenas de dolor eran incontrolables conforme los familiares y amigos desfilaban frente al féretro para ver por última vez el rostro de Paloma. Aparte de Elida, que expresaba mucha debilidad y el corazón destrozado, los niños denotaban un profundo dolor. Y los adultos, incapaces de poder explicar algún motivo por la partida súbita de Paloma, parecían un poco más resignados. La muerte había invadido a su familia con una fuerza impetuosa y repentina y nadie parecía ser capaz de llenar ese vacío, por lo menos no por el momento.

Renata y Tiago estaban sentados cerca de sus padres, callados y distantes. Los otros niños lloraban inconsolablemente mientras pasaban en frente del ataúd abierto. Desde el fondo de la iglesia provenían unos gritos desgarradores de dolor que denotaban el inmenso dolor por el que atravesaba en esos momentos. Era auxiliadora. Más tarde se disculparía por expresarse así y saldría de la iglesia con el alma hecha pedazos a tirarse en el césped de la iglesia incapaz de poder seguir manteniéndose en pie.

Las abuelas, Dora y Lourdes, aquellos seres que en el esquema natural de vida se supondría serían las primeras en partir de este mundo, se encontraban de pie a unos cuantos metros de su nieta. Ambas estaban de acuerdo que no había nada peor en este mundo que sufrir por la muerte de un ser querido que cronológicamente no debiera haber sido así. Y como madres ambas también estaban de acuerdo que no había peor experiencia y dolor para una madre que perder un hijo. Así era el caso de Paloma con solo escasos ocho años después de que Elida la hubiera traído al mundo su partida significaba uno de los momentos más terribles para cualquiera que la hubiera conocido.

Elida se derrumbó en los brazos de Orpet mientras en su mente seguían desfilando los recuerdos de su amada hija. También estaban grabados, y así estarían por mucho tiempo más, aquellos terribles momentos en el que el camión escolar trajo dolor y sufrimiento a todos los ahí presentes. Levantaba la cabeza y veía hacia el ataúd, tratando de transformar sus pensamientos en todos aquellos momentos que habían convivido juntas, sin embargo, inevitablemente la imagen del autobús surgía en su mente dolorosamente.

Lloraba histéricamente a pesar de los esfuerzos de todos que la rodeaban y que intentaban vanamente calmarla y reconfortarla. Y de pronto, como si fuera una olla de agua que ha alcanzado su punto de ebullición, Elida se puso de pie, y se abalanzó sobre el féretro y comenzó a gritar.

"! No! No Dios Mío! ¡No te lleves a Paloma, ¡Por favor no te la lleves de mi! ¡Llévanos juntas Dios Mío!"

Tiago se levantó de su asiento y agarró a su madre por detrás, sosteniéndola por la espalda mientras ella se sentía desfallecer frente al féretro que contenía los restos de su hija.

"! Mamá, no digas eso! ¡Nosotros te necesitamos Mamita! ¡Por favor Mamita, nosotros también te necesitamos!"

Renata agarró a su madre de la cintura y ayudó a Tiago a sacarla de la iglesia.

"! Espérame!" gritaba Elida en dirección al féretro "!Espérame Paloma no te vayas sola! ¡Espérame mi amor!"

Orpet, totalmente agotado por el dolor que estaba sufriendo y el viaje tan largo que había tenido desde Europa, permanecía sentado en la banca de la iglesia mientras el recinto sagrado comenzaba a vaciarse. Durante todo este trance muy poco había hablado, quizás sólo para expresar su incredulidad ante la magnitud de los hechos y principalmente que algo así hubiera sucedido en un vecindario tan tranquilo y con un autobús escolar supuestamente muy seguro que contaba con un calificado conductor que, según él, pudo haber evitado que sucediera tan terrible tragedia. Era evidente su molestia y pensaba firmemente en presentar una queja formal y exigir una explicación a los miembros de la administración de la escuela por el lamentable accidente, algo que para Elida hubiera sido tan intrascendente en esos momentos de tanto dolor y de menor prioridad dada la situación por la que atravesaban. De todos modos nada traería de nuevo a Paloma a su lado. Ni siquiera Orpet, que era capaz de lograr todo lo que se proponía, podría lograr eso.

Acostumbrado a caminar siempre con un aire de confianza, certitud y seguridad, Orpet se las arreglaba para mostrar solamente vacilación y timidez mientras se aproximaba al féretro de su hija. Ninguna palabra salió de sus labios mientras observaba el cuerpo inerte de su pequeño tesoro. En vez de eso, prefirió mirarla fijamente, preguntándose para sus adentros que es lo que había salido mal y por qué no pudo él hacer nada para que eso no hubiera sucedido. Una lágrima cayó de sus ojos y escurrió lentamente por su mejilla. Pensó para si mismo, que él había abandonado a Paloma cuando más lo necesitaba. No había estado ahí para estar con ella. Haber estado ahí para su familia era su responsabilidad y él sentía haber fracasado. Sintió un terrible y espantoso vacío en su interior. Comenzó a llorar más y más.

Con una de sus manos hurgó en el bolsillo de su saco y lentamente extrajo algo. Mientras algunos miembros de la familia miraban con preocupación y curiosidad desde el fondo de la iglesia lo que pasaba enfrente de ellos, Orpet sacó de su bolsa un sencillo pero fino peine de plata y lo puso cuidadosamente en la palma de la mano de su hija Paloma.

"Aquí está el peine que me pediste hija, tal y como te lo prometió Papito."

Aún llorando y ahora más conmovido, Orpet se mantuvo en

pie sosteniendo la mano de su pequeña entre las suyas. Miraba amorosamente el rostro angelical de su hija. Y ahí estaba Orpet, el brillante matemático hombre de negocios y pragmático que hasta antes de este momento la muerte para él no había tenido rostro humano. Ahora, mientras sostenía la mano de su pequeña hija y tocaba el peine y miraba su cara, no únicamente vio el rostro de la muerte, sino que experimentó el terrible dolor de una pérdida con rostro humano. Limpió como pudo sus lágrimas y sonrió por última vez a su pequeño ángel.

Mientras se alejaba del ataúd y se encaminaba hacia la salida de la iglesia, escuchó los dulces sonidos de la música que empezaba a tocarse en el santuario. Decidió tomar asiento por un momento, a solas, y escuchar por unos momentos más la melodía. Renata y Tiago, mientras tanto, venían en busca de su padre y se sentaron a su lado cuando por fin lo localizaron. Orpet se colocó entre sus dos hijos y los abrazó a ambos.

"¡Dónde esta tu mamá?" preguntó en voz baja.

"Está afuera con algunas personas," contestó Renata. "Se ve muy mal, papá."

"Si que lo está. Lo sé. Mejor vámonos."

Orpet guió a sus dos hijos hasta el exterior de la iglesia, en donde se podía disfrutar del calido brillo de sol de otro glorioso dìa en Brasil. El calor del sol, hizo que su cansado cuerpo se sintiera mejor. Los demás familiares se arremolinaban formando pequeños grupos y comentando las incidencias del triste momento que estaban pasando. Orpet encontró a Elida y rápidamente la llevó hasta su carro.

El día fue largo y la noche más prolongada aún. La casa se sentía fría, oscura y vacía, vacía de vida, así estaba. Orpet, Elida, Renata, Tiago y Dora estaban ahí, pero era como si no estuvieran, se sentía un vacío impresionante. Elida se sentó en el cuarto de Paloma, a la orilla de la cama. Las cortinas de color rosa del cuarto estaban cerradas permitiendo solamente que un pequeño rayo de luz de la luna lograra filtrarse al interior. Esa pequeña luz era suficiente para iluminar el juguetero donde en perfecto orden estaban alineados los ponis de la niña. Elida los miró fijamente. Y pensó que ellos ni siquiera sabían el vacío que ahora imperaba en ese cuarto. Tampoco sabían que el fino peine de plata que serviría para peinarlos nunca llegaría. Ella no podía decirles que esa dulce y gentil mano que antes los peinaba tantas veces al día ya nunca más lo haría. Tampoco podía decirles que el cariño, el amor y los cuidados que por tanto tiempo les prodigó esa pequeña niña nunca más lo recibirían. Si Elida no podía convencerse a si misma de estas tristes realidades, ¿como podría convencer a estos pequeños e inocentes ponis de que lo entendieran? No había explicación, por lo menos no por ahora.

Capitulo 14

En las siguientes semanas, Elida desapareció, mental y emocionalmente. Aunque también sufría mucho, Orpet se levantaba todos los días para ir a trabajar, tratando de hacer lo mejor por concentrarse en las intensas exigencias de los proyectos que se requería en su trabajo. Con lo doloroso que era para ambos, Renata y Tiago, por su parte, se levantaban diariamente y se iban a la escuela. Por lo que Elida prácticamente quedaba recluida virtualmente en su propio hogar.

A solas Elida se sentaba en el cuarto de Paloma, entre sus cosas, y comenzaba a llorar. Más y más se iba apartando de su propia vida y de la vida del resto de su familia. Paulatinamente apagaba su vida en un torbellino de contemplación y recuerdos, en donde no encontraba nada más que puro dolor y tristeza conforme pasaban los días.

Poco a poco se acostumbró a encontrar la paz y el consuelo a solas en la iglesia. Se sentía abrumada de culpas por no haber estado más cerca de la iglesia antes. Se enojaba consigo misma por haberse olvidado de acercarse más a Dios y por no haber rezado lo suficiente mientras se involucraba cada vez más en sus cuadros, planos y casas. Ahora todo lo que más quería era sentarse en una banca vacía durante la primera misa matinal los domingos por la mañana, y de ese modo poder sentir a Paloma más cerca de ella a través de la oración. Elida tomó asiento en la banca y miró a su alrededor. Todo indicaba que había llegado tarde.

"Oh, Dios Mío, ayúdame," oraba en voz baja. "Perdóname por venir a ti únicamente cuando te necesito. Porque sé que debiera ser todo el tiempo. Quizás soy culpable de esta apatía, pero de ser así, ¿Qué incentivo puedo encontrar ahora? Si

Paloma se ha ido."

En otra iglesia, a muchos kilómetros, en Belo Horizonte en el estado de Minas Gerais, la prima de Orpet, Eloísa, se encontraba precisamente en ese momento ante un altar. Una pertinaz lluvia inundaba las calles mientras un agresivo viento azotaba con violencia contra las paredes de la iglesia. Eloísa había desafiado a la lluvia y al viento con tal de ayudar a un grupo de voluntarias que decoraban la iglesia. El trabajo de las mujeres apenas acababa de comenzar cuando ella entró sacudiéndose para secarse en la puerta. Mientras trabajaba oraba en silencio por su sobrina Paloma.

En lo alto del santuario, sobre la pared y detrás del altar estaba un crucifijo, grande y maravilloso. Eloísa alzaba la cabeza de cuando en cuando para mirar con reverencia la imagen de cristo y después repetidamente cerraba sus ojos para concentrarse a solas en Paloma.

También grande e imponente, eran los sonidos del órgano que provenían de lo alto y de la parte posterior de la iglesia y que eran producto de un intenso espíritu. Eloísa ya se había olvidado de lo poderoso y motivante que eran los componentes en una iglesia y por eso en sus oraciones se disculpaba por esa apatía.

También pedía perdón en sus oraciones por Orpet y Elida, y por haber estado tan distante de ambos antes de que ocurriera tamaña tragedia. Los recuerdos que tenía de Paloma después de una breve visita a Río hacia mucho tiempo eran muy pocos y vagos. Su mente entonces repasó rápidamente con furia todo el árbol genealógico. Silenciosamente nombró cada niño de la familia con la imagen de ese rostro en su memoria y sonreía mientras planeaba las cosas que haría con cada uno de ellos si Dios le concebía la dicha de estar cerca de ellos. Aparentemente era un frívolo intercambio de ideas, pensó en sus adentros, así que volvió a levantar la vista hacia el crucifijo y de inmediato sus pensamientos evocaron a Paloma y rezó más intensamente por su bienestar en donde estuviera ahora.

Los vitrales que adornaban la iglesia impedían el paso de la luz a plenitud por lo que el interior estaba plagado de luz tenue, sombras y oscuridad. El aire fresco y húmedo que entraba del exterior provocó que Eloísa sintiera frío a pesar de las vibraciones cálidas a su alrededor. Aún con los dulces y melódicos sonidos del coro mezclado con el golpeteo de la lluvia en las ventanas no lograban disipar esa penumbra, razón por lo cual oraba literalmente de manera figurativa.

Mientras Eloísa trabajaba en la decoración del altar colocando flores y orando en silencio, una anciana caminó desde el fondo de la iglesia y se acercó para ofrecerle ayuda.

"¿Cómo estás?" preguntó la mujer y de inmediato ambas comenzaron a trabajar juntas.

"Estoy bien," respondió Eloísa mientras forzaba su mente para acordarse del nombre de la mujer que la ayudaba. "Lo siento Usted es....."

"María" contestó la mujer "María Da Costa"

"Lo siento, es que no me acordaba. Me da pena no venir a la iglesia con la frecuencia que debiera hacerlo."

"Lo entiendo. ¿En dónde están sus hijos hoy?"

"Están en casa; no les gusta salir cuando llueve a ayudar a Mamá en la iglesia, Ya sabe como son los chicos."

"¿Y quien era la pequeña con la que estabas hace un rato?" preguntó María.

"¿Qué niña?"

"La vi hace rato caminando con una encantadora niña. A la que nunca había visto antes."

"No sé de quien habla."

"La niña. Que tenía un vestido blanco. Vi a las dos entrar a la iglesia junta

"María, ¿de que color era el cabello de la niña que vio conmigo?"

"Rubio. Tenía una preciosa cabellera rubia, muy brillante y larga. Como nunca antes lo vi en niña alguna"

"¿Dijo Rubia?"

"Si, así es"

"¿Está segura?" María por favor discúlpeme. Me tengo que ir."

"Dios te bendiga querida," le dijo a Eloísa mientras ésta se dirigía a la parte posterior del recinto religioso. "Dios te bendiga"

Afuera la lluvia se había intensificado y Eloísa estaba empapada por el trayecto que había tenido que recorrer para llegar a su carro. Arrancó el vehículo y lo condujo por las estrechas e inundadas calles hacia su casa. Rápidamente se metió a la cocina y dejo abierta la puerta de acceso dejando entrar el viento y el agua de la lluvia. Tomó su agenda telefónica personal y buscó el numero telefónico de Elida, maldiciéndose por no saberlo de memoria.

"Elida, créeme." Decía Eloísa nerviosamente mientras le volvía a contar la historia que le acababa de suceder en la iglesia- "No me atrevería a inventar una cosa así."

"Sé que no lo harías."

"Pero es que es tan extraño."

"Pero Eloísa, esa mujer nunca vio a Paloma antes. No la conocía."

"Y yo apenas si la conozco a esa mujer. Elida. Eso es lo que te estoy diciendo. No tiene sentido."

"¿Y dices que te vio con una pequeña niña?"

"Si. La mujer se acercó a mi y me comentó lo de la niña con la que me vio. Y yo estaba sola, nunca estuve con una niña Elida. Mis hijos estaban en casa. Fui sola a la iglesia. No sé pero creo que la mujer tuvo un tipo de visión sobrenatural. Al principio creí que estaba loca la mujer, ya sabes una de esas lunáticas religiosas. Pero luego cuando me describió exactamente a Paloma, casi me infarto."

"No sé que decir Eloísa," dijo Elida en un mar de llanto que mojó el teléfono. "He estado orando mucho, pidiendo algún tipo de explicación, pero no sé que decir de todo esto."

"Elida, creo que ni siquiera debí haberte dicho algo al respecto porque sé que no hay modo de relacionarlo con lo que estás viviendo en estos momentos. No soy teóloga y tampoco una católica seria o algo así. Pero está claro que se trata de un mensaje Elida. El espíritu de Paloma esta vivo aún. Ella está en nuestra iglesia actualmente."

Orpet escuchaba atentamente a Elida mientras ella le contaba el relato de su prima Eloísa una vez más esa noche en la oficina. La escuchó pero mostraba escepticismo al hacerlo. Aunque desistió de perseguir algún tipo de demanda penal en contra el chofer del autobús escolar, aún no optaba por darle un punto final al caso y creer que lo de Paloma sólo había sido un accidente y nada más.

"Hablando de mi prima," le dijo a Elida mientras ella miraba hacia afuera por la ventana de la oficina, "Todos en la familia han sido muy considerados. Creo que realmente debiéramos enviarles algunas notas de agradecimiento."

"Ya sé que debemos hacerlo, ya me lo has recordado tres veces esta semana."

"Y han pasado seis semana desde el funeral."

"¿Esperas que mis sentimientos funcionen de acuerdo al calendario?"

"No, sólo que..."

"! Al diablo Orpet! ¿Qué quieres que yo haga? ¿Acaso quieres que me despierte cada mañana y continúe con mi vida normal como si nada hubiera sucedido?"

"No, Yo lo que..."

"Quizás tu lo puedes hacer sin ningún problema. Tal vez porque eres fuerte. Y tienes tu trabajo y muchas cosas por hacer, las facturas por pagar y tus inversiones que cuidar. Tú puedes continuar con tu vida tranquilamente. Yo no puedo. No tengo nada. Paloma era mi vida. Y ahora ella se ha ido. Está muerta. Y yo también. Al diablo con tus notas de agradecimiento, ¿OK.?"

"Elida por favor," le dijo Orpet mientras se acercaba a su esposa. La agarró con ambas manos y se puso enfrente de ella. "Sé por lo que estás pasando. Yo siento lo mismo, quizás no lo demuestro. Y tal vez no piense igual que tú en muchas cosas. Pero también estoy sufriendo. Sé que es duro. Estaba tratando de pensar en la familia y lo bueno que habían sido con nosotros en estos momentos difíciles simplemente."

"Los siento Orpet. No fue mi intención gritarte. Sólo que estoy muy lastimada por dentro. Y no sé que hacer."

Elida se dejó caer en los brazos de su esposo y hundió sus ojos llorosos en el pecho de él.

"Tenemos que mantenernos juntos Cariño."

"Quiero mandar las notas de agradecimiento Orpet, pero no sólo eso solamente. También quiero mandarles un mensaje con el que la gente se acuerde de Paloma y algo que les ayude a entender que su presencia en este mundo valió la pena. Dios me ayudará a encontrar las palabras correctas. Rezaré por que así sea."

Elida continuó orando, día tras día. Se sentaba en el patio con Wolf a sus pies y hojeaba la Biblia en busca de algo que escribirle a la familia. Encontró varias cosas que parecían encajar en el espíritu y personalidad de Paloma y en el hecho de que su muerte de algún modo fue una obra de Dios o del destino. No estaba segura y dudo en asumir el papel de predicadora con la familia. Cerró la Biblia y hundió su cabeza entre sus rodillas, sintiéndose más débil que nunca y desamparada una vez más.

Elida caminó sin rumbo por toda la casa; se sentía cada vez más débil hasta que decidió sentarse ante la computadora. Entonces sintió una punzada En su cuerpo y sin saber por qué, abrió el primer cajón del escritorio. Ahí, debajo de un lápiz estaba una hoja blanca de papel, doblada a la mitad.

El corazón de Elida comenzó a latir salvajemente.

Agarró la hoja de papel y salió corriendo de la oficina hacia el cuarto de Paloma. Entró rápidamente y luego se detuvo en seco. El cuarto estaba vacío y silencioso lo que hizo que Elida cayera al piso presa de la desesperación. Se levantó apoyándose en la cama de Paloma y después de una pausa retomó energías y lenta y nerviosamente desdobló la hoja.

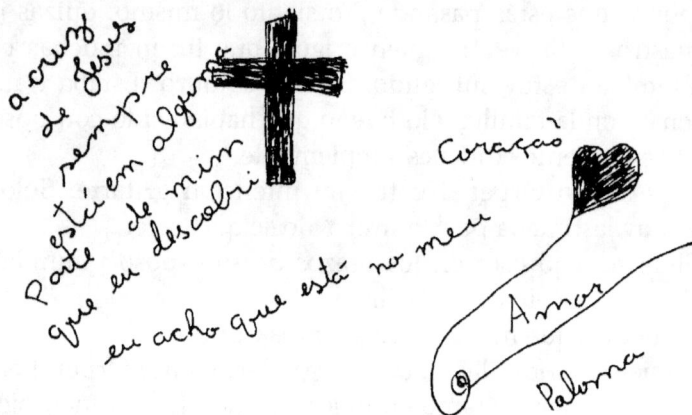

a cruz de Jesus sempre estí em algum parte de mim que eu descobri eu acho que está no meu Coração Amor Paloma

"la cruz de Jesús
está siempre en alguna parte de mi.
Descubrí y creo que está en mi corazón
Con amor
Paloma"

Elida no aguantó más y cayó de espaldas sobre la cama y quedó postrada mirando al techo y luego las cortinas rosas de la ventana. Las lágrimas comenzaron a rodar por su rostro mientras dejaba escapar una mirada casi agonizante. Orpet entró corriendo al cuarto desde la cocina y levantó a su esposa en sus brazos.

"¿Qué es eso Elida? ¿Qué sucedió?"

Elida le dio el papel a Orpet quien lo leyó varias veces antes de tratar de responder.

"Elida, esto es asombroso."

"No, Orpet, esto es un milagro. Esto es un milagro entre Dios y nuestra hija."

Elida salió del cuarto hacia la oficina y se sentó ante su atril, era la primera vez que lo hacía desde la muerte de Paloma, y comenzó a dibujar. Ella acostumbraba dibujar de niña, figuras de palo muy sencillas que había adaptado de un libro de catecismos para niños. Elida dobló el papel a la mitad y en el interior del libro dejó pegada la nota de Paloma a la página. Luego escribió un sencillo mensaje para todos aquellos queridos familiares que tanto los reconfortaron y demostraron su amor en los momentos difíciles. Dobló el papel y lo colocó dentro de un sobre. Luego se lo dio a Orpet.

"Aquí tienes Orpet, aquí está nuestra nota de agradecimiento. Llévalo a la computadora y envíalo a la familia."

Elida le sonrió a su esposo y luego miró al techo para decir.

"Gracias Dios Mío," susurró. "Gracias."

La nota fue escrita así:

Deja que los niños vengan a mi....
por el reino de los cielos
del que formamos parte todos nosotros.

"Agradecemos a todos nuestros amigos el apoyo, consuelo y demostraciones de amor y ternura que nos prodigaron y sobre todo el que entregaron a plenitud a nuestra hermosa hija que nos dejó, pero que de acuerdo a nuestra fe, vive y vivirá por siempre felizmente en compañía de nuestro Señor."
Orpet, Elida, Renata y Tiago

Capitulo 15

La búsqueda de Elida por alguna razón había comenzado. Su dolor y su inmenso sufrimiento, creado por el enorme vacío que existía en su vida, se estaba transformando en una energía de fe y esperanza. Ella permanecía ausente, solitaria e indiferente a las cosas que sucedían a su alrededor pero cada día esa energía se hacia más fuerte y sentía que se acercaba cada vez más de la explicación que necesitaba.

Orpet y Renata, ambos fuertes e independientes, seguían su vida adelante a su propia manera. Tiago tenía más problemas.

"Él está diferente ahora," le dijo Elida a Orpet. "¿No has notado el cambio en él?" Él amaba a Paloma más que a nada en el mundo. Sè que el siempre ha sido introvertido pero se ha vuelto más reservado de lo que era desde que ella se fue. Varias veces lo he encontrado en su cuarto llorando en su almohada. Está sufriendo tanto. Creo que la infancia de Tiago terminó cuando Paloma se fue y eso es una pena que esté pasando."

"El estará bien Elida," contestó Orpet confiadamente. "Todos nosotros vamos a estar bien."

La conclusión de la nueva casa y los preparativos para mudarse eran los distractores que todo mundo necesitaba. Orpet andaba muy ocupado con los contratistas, corredores de bolsa y banqueros para asegurarse de que todo anduviera bien. Elida, por su parte, pasaba su tiempo con los decoradores y diseñadores. Renata y Tiago ayudaban en cierta forma en lo que podían especialmente empacando las cosas.

Elida comenzó a empacar su propio cuarto, y mientras lo hacía se topó con el contenido de su mesita de noche. Se sentó sobre el piso y leyó una y otra vez las notas que Paloma había escrito. Una vez más, la invadió la nostalgia y desesperación.

"Mamá, desesperadamente, Te amé por siempre...
Te amaré todos los días de mi infancia..."

Pensó, ¿como podía una niña de 8 años escribir mensajes de tanta profundidad? ¿Era posible que pudiera presentir su propio destino? ¿Y cómo pudo ella como madre fracasar en ponderar debidamente estos avisos que su hija anticipaba? Elida se hacía una y otra vez estas dolorosas preguntas y un dolor agudo recorrió por su cuello y cabeza como un cuchillo. Se sentó en el piso cerca de la otra mesita y sostuvo las notas fuertemente entre sus manos. Las leyó varias veces y al hacerlo el dolor se intensificaba y sus ojos atravesaron las palabras de una de las líneas.

"Te amé por siempre..."

"¿Por qué amé, por qué en pasado?" se preguntaba Elida. Se levantó y camino hacia la ventana, se asomó y contempló el día soleado y brillante. "Amé, no amo," se dijo a si misma una y otra vez.

Elida no comió ni durmió el resto del día, tampoco habló con nadie. Sólo platicaba consigo misma, con los ojos inundados de lágrimas que rodaban interminablemente por su cara. "Amé," repetía varias veces. "¿Por qué amé?".

El Dr. Wagner recibió la llamada de Elida en su casa justo a las 7:00 de la mañana del día siguiente. Quizás tan agotado y estresado como su paciente, el Dr. Wagner estuvo de acuerdo en reunirse con ella en una hora. Ella manejó rápido y nerviosamente hacia la oficina y estaba afuera del consultorio a las 7:20 aunque tuvo que esperar otros veinte minutos.

"Llegué tan pronto como pude," se disculpó el Doctor mientras metía la llave para abrir la puerta.

"Iba a llamarle anoche," dijo Elida mientras entraba al consultorio y se sentó en la misma silla que había ocupado durante semanas. "No pude dormir para nada pero me imagino que al no llamarlo lo deje dormir a Usted."

"Lo cual aprecio. Ahora ¿dígame cual es el problema?"

Elida sacó la nota de su bolso y se lo entregó al Doctor.

"Ella escribió estas notas para mi, Se las he mostrado a Usted en otras ocasiones y hemos platicado al respecto. Pero me topé con esta que leí ayer. Léala Doctor."

"Mamá, desesperadamente, Te amé por siempre...."

El Dr. Wagner leyó la nota lentamente y en silencio y sin hacer comentarios.

"Todos los días hago el amor para ti con las mismas palabras
para que sepas que el amor es infinito..."

"¡ Deténgase!" interrumpió Elida inclinándose sobre el escritorio del Doctor. "¿No lo ve?"

El Doctor hizo una pausa volteó a ver a Elida con la mirada inexpresiva. Leyó la nota de nuevo y luego volvió a mirar la cara ansiosa de Elida.

"¿No lo puede ver?" suplicó Elida.

"No sé a dónde quiere llegar," contestó él.

Elida se levantó de la silla y lejos de estar habituada de actuar de esa manera se acercó al Doctor del lado que estaba sentado. Se inclinó sobre su hombro y señaló la primera línea de la nota. "¡ Amé!" le hizo notar el tiempo pasado al que se refería la nota. Ella escribió "¡ Amé, no amo!"

El Doctor fijó sus ojos en la nota de nuevo. Elida se paseaba histéricamente alrededor de la oficina y se detuvo cerca del Doctor.

"Ella sabía que iba a morir, Doctor. Ella me lo escribió en pasado como si ya estuviera muerta. Y ahora que leo las notas de nuevo, es como si las estuviera escribiéndolas en este momento."

El Doctor permanecía en silencio, cavilando en lo que le acababa de decir su paciente. Movió la cabeza con asombro.

"Esto es algo que realmente" contestaba como si estuviera traicionando sus principios profesionales. "Nunca me había topado en todos mis años con algo tan profundo como esto."

"Bueno eso ya nos hace a dos en las mismas circunstancias," dijo Elida de algún modo de forma sarcástica mientras recogía la nota del escritorio "Hay otra explicación y voy a encontrarla".

La casa había quedado exactamente como Elida la había diseñado. Había quedado justo entre dos de los árboles más altos de eucalipto en Sao Paulo. El camino que guiaba hasta la puerta de roble sólido estaba adornado con brillantes flores y arbustos podados.

En el interior, los azulejos de cerámica blanca agraciaban el piso de una sala muy amplia. La ventana panorámica y la chimenea hecha a base de tabiques estaban en el lugar preciso que Elida había ubicado en su plano arquitectónico. Las ventanas que daban al patio estaban pintadas del color que ella ordenó y los espejos del comedor daban la presencia que ella había pronosticado cuando los eligió.

Mientras caminaba por toda la casa, un raro sentido de alegría y satisfacción la superaba. Ese sentimiento pronto se disipó, sin embargo, era evidente que había algo en la casa que ella no había previsto, una recamara extra. Elida se detuvo en la entrada de la que iba a ser la recamara de Paloma. Se asomó por la ventana y vio el cielo. Estaba hermoso. Rápidamente se limpio una lágrima que le rodó por la cara cuando escuchó el ruido de la furgoneta en la cochera.

"Vámonos Tiago" le decía Orpet a su hijo mientras el bajaba de la furgoneta y abría la parte de atrás."

"Déjame operar la plataforma," le decía Tiago a su padre mientras se preparaban a descargar las primeras cosas de la mudanza.

"Espera, Voy a encargarme primero de las cosas más pesadas"

"Bienvenidos a Casa," le dijo Elida a su esposo en la acera con una media sonrisa.

"¿Todo está bien?" preguntó él al notar que sus ojos estaban enrojecidos de llorar.

"Lo mejor que puedo Orpet. Ven, entremos."

Orpet maniobraba cuidadosamente la lavadora en la plataforma de carga y la descargó dejándola en la cochera. Elida lo dirigía hasta el cuarto de lavandería en donde la lavadora cupo perfectamente, conforme a lo planeado. Orpet regresó a la furgoneta para descargar la secadora mientras Tiago acarreaba algunas cajas y maletas hacia la cochera.

"¿Por qué no me regreso a casa a ayudar a Renata a organizar las cosas allá," sugirió Elida a Orpet mientras éste colocaba la secadora en su lugar.

"¿Estás segura que quieres hacer eso?"

"Si, tengo que hacerlo."

Los dos, Orpet y Tiago, manejaban adelante en la furgoneta mientras Elida iba sola en su carro. Ella manejaba detrás lentamente, dejando su mente divagar en cada vuelta que daban. Aunque trató de evitarlo, no pudo impedir recordar el día que manejaba desesperada por ese mismo camino tratando inútilmente de alcanzar a Paloma antes de que tomara el autobús escolar. Elida entró lentamente por la puerta de acceso que Fernando acababa de abrir para que pasara. Salvador había renunciado una semana después de la muerte de Paloma. Y trató de explicar que había conseguido un mejor trabajo en la ciudad. Elida esa ocasión lo vio a los ojos y sabía que no decía la verdad.

En la casa que habitaban, Elida comenzó la tarea que había pospuesto mucho tiempo atrás mientras pudo. Entró al cuarto de Paloma y lentamente comenzó a empacar las cosas de la niña. Inició empacando los juguetes, juguetes que alguna vez estuvieron activos por toda la casa. Revisó cada pieza de ropa, telas delicadas que alguna vez llegaron a cubrir su cuerpecito igualmente delicado.

Renata entró al cuarto y puso su mano en el hombro de Elida.

"Tú sabes que compartí muchas de estas cosas con Paloma."

"Lo sé Renata. Siempre has sido una buena hermana y has sido una magnifica damita joven. Sè que he sido una pésima madre últimamente, al estar todo el tiempo llorando día y noche, Lo siento."

"No tienes nada de que disculparte conmigo Mamá. Sè lo mucho que amaste a Paloma. Sè lo triste que estás. Todo está bien. No te preocupes por mi."

"Te amo mucho Renata."

"Yo también a ti, Mamá"

Las dos se abrazaron en medio del cuarto de Paloma mientras los rayos de sol se reflejaban a través de las cortinas rosas del cuarto en sus caras.

"¿Crees que es posible Mamá," preguntó Renata, "que la muerte de Paloma realmente no fue un accidente? ¿Crees que sucedió por alguna razón, como parte de un propósito especifico?"

"Estoy empezando a creer eso. Cuando pienso en todo lo que pasó, y la manera como sucedió, todo me hace creer que el dedo de Dios estaba guiando a Paloma y ella lo sabía."

"Es tan difícil aceptarlo, pero quizás, si es verdad, entonces puede haber algo de consuelo en eso," continuó Renata.

"Quizás tengas razón Renata, quizás estés en lo cierto."

"Creo que mejor voy a la cochera a ver que se necesita empacar. ¿Vas a estar bien Mamá?

"Claro que si Renata. Gracias."

Elida se levantó del borde de la cama de Paloma y se encamino al pupitre. Encima estaban varios papeles de la escuela de la niña que ya antes había visto Elida, Abrió un cajón y vio un sinfín de cosas sueltas que su hija había reunido, cosas que Elida también ya había visto antes.

De hecho, recordó Elida, ya había estado en el pupitre muchas veces antes sobre todo en los peores momentos de desesperación por los que pasó. Pero no obstante decidió abrir otro de los cajones y sorpresivamente encontró un sobre que no había visto antes. Tomó el sobre y con él en sus manos se encaminó hacia la ventana en donde cuidadosamente lo abrió bajo la luz del día. En su interior estaba una hoja blanca de papel. Lo desdobló y vio de inmediato la escritura manuscrita de su hija.

Corazón   Niño
                Paloma
Niño   Corazón

*"Creer es la verdad en una esperanza que
nosotros tenemos en la creación de la vida"*
Firma: Paloma.

El corazón de Elida estaba a punto de explotar en su pecho y sintió un dolor agudo en todo su cuerpo. Apretó la nota en la palma de su mano y miró hacia fuera en dirección al campo de golf. Tres meses después de haberse ido, Paloma aún estaba platicando con su madre. Pero ahora ¿cual era el mensaje realmente? "que quería decirle?

Elida leyó la nota varias veces y se preocupó cada vez más. Las palabras eran demasiado complejas y el mensaje, cualquiera que fuera, era demasiado profundo para que una niña lo hubiera escrito. Elida entonces recordó un importante hecho. Esto no fue escrito por una niña.

Colocó el sobre de nuevo en el cajón y se dirigió a la oficina. Sintió alivio al ver que los libros del librero aún no habían sido empacados. Buscó y jaló el libro de la Biblia, y abrió el libro buscando con avidez las palabras que Paloma había escrito. Después de casi media hora, nada había encontrado que coincidiera en algún grado importante.

Volvió a colocar el libro de la Biblia en el librero y jaló el libro de "El Profeta".Para la noche ya había leído prácticamente todo el libro pero aún sin encontrar nada que pudiera explicar la nota de Paloma. Como siguiente paso, decidió pasarse prácticamente dos días en la librería buscando interminablemente entre pilas de libros religiosos, libros de psicología y revistas que trataran con estos temas.

"¿De dónde obtuvo esas palabras?" le preguntó Elida a Orpet mientras se alistaban para acostarse. "¿Cómo pudo Dios haberla inspirado de esa manera? Si era sólo una niña Orpet."

"Eso va más allá de cualquier explicación que pudiera darte Elida. El sólo hecho que hubiera escrito estas notas con la obvia intención de que las encontrarías después de su muerte es milagroso. Ojala y supiera su significado cariño."

"No creo que haya nada que decir."

Orpet abrazó a su esposa y se besaron, la primera vez que lo hacían en mucho tiempo. Su matrimonio y el amor que compartían habían caído en una fría y oscura rutina sin sentido. Mientras se besaban se dieron cuenta que en el corazón de ambos aún estaba el vinculo estrecho que los había unido por muchos años.

"Dios nos está poniendo a prueba, Orpet. Tenemos que

continuar buscando las razones."

Elida llegó a la iglesia temprano ese domingo y se sentó en la banca que estaba cerca del coro. Cuando éste comenzó a cantar, ella permaneció callada. Recordó que a Paloma no le gustaba que cantara; y ya nunca lo hacía. Recordaba que había sido lo último que le había dicho en vida antes de quedar dormidita para siempre. Sólo los ángeles cantan y Elida no era un ángel. Siguió escuchando atentamente el sonido del coro. Pensando que quizás pudiera escuchar entre ese coro la voz de Paloma.

Su mente divagó sin rumbo por toda la capilla hasta que el sacerdote empezó a leer extractos de la Biblia.

"No queremos que sufran hermanos, acerca de aquellos que se han ido, para que no padezcan el dolor de la ausencia como las demás personas que no tienen esperanza. Por ello creemos que Jesús murió y se levantó, por eso como lo hizo Dios a través de Jesús, trae con él a todos aquellos que se han ido..."

Los ojos de Elida se abrieron desmesuradamente al oír las palabras "esperanza" y "creer," entonces el sacerdote inició su sermón.

"Esta aquí, en la primera carta a los Tesalonianos que en la cara de la muerte, no podían comportarse como paganos que no tienen esperanza. Pero ellos necesitaban creer que como Cristo, todos los que habían muerto también resucitarían..."

Elida se movió inquietamente en su asiento y miró directamente a los ojos del sacerdote. Luego desdobló la hoja de papel que sostenía entre sus manos y leyó las mismas palabras que el sacerdote acababa de leer:

"Creer es la verdad en una esperanza que
nosotros tenemos en la creación de la vida"
Firma: Paloma

Capitulo 16

En una hermosa mañana de agosto en un suburbio de Sao Paulo, en el patio de su recién estrenada casa. Elida se sentó a solas en la cómoda silla de su jardín. Luego, del mismo modo que su hija lo había hecho tantas y tantas veces en el pasado, sacó una hoja blanca de papel y comenzó a escribir. Escribió sin tener en mente nadie en particular o quizás dirigido a todos en general; no estaba segura en ese momento y realmente no le importaba. Por ahora, lo importante era sólo escribir.

Es cielo estaba azul, el césped verde, el aire aún soplaba y el día estaba cálido. Todo parecía estar en perfecto orden. Y entonces me acuerdo de Paloma. Y de pronto, todo parece haberse convertido en un desorden.

Me siento como si hubiera vivido un siglo durante estos últimos tres meses. Mi cabeza es como un laberinto. Pero sé que hay una salida y lo que tengo que hacer es encontrar esa salida. Y creo que lo haré hasta el último minuto de mi vida, encontraré esa respuesta y no me detendré hasta que encuentre esa razón.

"¿Por qué esto nos sucedió a nosotros?" ¿Por qué a mi, que la amaba tanto? Nuestra relación era de lo más hermoso. Compartíamos los mismos gustos y sabores. Teníamos la misma forma de pensar. En donde yo estuviera ella estaba. La verdad era que Paloma estaba unida aún a mi por el cordón umbilical como si nunca hubiera sido cortado. Incluso poco tiempo antes de su muerte me dije a mi misma que tenía que crear cierta distancia entre ambas porque estaba creciendo y necesitaba su propio espacio. Pensaba en mis adentros que si ella seguiría cerca de mi, sufriría demasiado el día que yo muriera. Que irónica es la vida. ¿O realmente es ironía

lo que sucedió? ¿Acaso habrán sido coincidencias, mala suerte o simplemente un accidente? ¿O todo pasara por alguna razón, por un propósito especial y como parte de un plan especial?, Le agradezco a Dios que en todo este trance nunca me aleje de él en esos momentos de dolor. Todo lo que viví con ella fueron realmente preciosos y ahora son lo único con lo que cuento para poder recordar.

Paloma no era solamente mi hija, era mía. Todo el amor que tengo para mi esposo y mis hijos, y todos el amor que ellos me entregan en cada momento no se pueden comparar con el amor que Paloma y yo nos teníamos, era una total comunión. Éramos como un sólo ser. Nuestros pensamientos y sentimientos estaban siempre en perfecta armonía. El arte nos unió e incluso hoy me siento orgullosa de lo que su maestra me ha contado de Paloma, de que ella era toda una artista. Me sentí tan orgullosa cuando me di cuenta que ella había heredado algo tan apasionante de mi. Pero ella tenía incluso más talento que yo porque nunca alcancé esa capacidad para los sentimientos y la pasión. Orpet y Yo nos sentíamos muy orgullosos de Paloma. Y aunque mucha gente nunca la pudo entender y comprender, nosotros sabíamos que ella era un ser especial y por eso siempre nos maravillábamos de todo lo que hacía. Orpet siempre decía que Paloma sería alguien grande en la vida y así fue. Estamos orgullosos de todo eso; es una especie de un sentido de orgullo dulce y precioso.

Todavía, cuando me despierto todos los días, no puedo creerlo. ¿Cómo es que logro existir sin tenerla? ¿Cómo es que puedo continuar viviendo sin ella? ¿Cuánto tiempo tengo que seguir viviendo en este mundo y que tendré que hacer para recibirla de nuevo? Estoy viviendo en dos mundos, en dos dimensiones. Vivo aquí en la tierra en donde mis hijos me necesitan y vivo en el espacio espiritual buscando a Paloma.

Sufro terriblemente y no hay dinero, ni medicina, ni ciencia, nada que logre aliviar este dolor. Es irreversible. El tiempo no puede retroceder. Todo lo que puedo hacer es confiar en mi fe y orar para que Dios me perdone por mis

errores y termine con este dolor de algún modo.
Me consuela saber, y lo creo con absoluta certeza, que
el espíritu de Paloma está vivo. Le dije a Orpet que Dios
puso a Paloma en nuestras vidas como un señuelo. Él nos
la dio y nosotros la amamos inmensamente y luego nos la
quitó en el momento que él quiso. Al mismo momento que
sufro, comienzo a ser feliz por saber que ella está viviendo
en un mundo mejor, un mundo que es tan maravilloso por
tener de compañía a Dios nuestro señor. Eso es
extremadamente gratificante.

Obtuve mucha fortaleza leyendo una y otra vez las
cartas y poemas que Paloma me escribía, aunque también
aumenta mi necesidad de tenerla conmigo. Todas esas
notas me ayudan a entender que hay una fuerza especial
detrás de todo lo que sucede. Las palabras que ella me
escribía eran tan profundas y tan poco usuales para una
niña de tan sólo 8 años de edad. No tuve el modo en ese
momento para interpretarlas como un aviso. Ojala y lo
hubiera hecho, pero no soy un ser privilegiado como ella
lo fue como para poder interferir en su destino. Ahora,
mientras leo esas mismas notas otra vez y presto más
atención a ellas, tengo la sensación que las escribió como
si ella las hubiera escrito después de que se fue de mi lado.
Es sorprendente, si no milagroso. Es como si ella me los
hubiera dejado para usarlas como una ayuda para aliviar
mi dolor. Esto es algo tan poderoso y tan intenso que
siempre lo atesoraré.

Lo que hemos pasado han sido momentos muy
difíciles para nosotros. Los niños sufrieron tanto y aún
siguen con ese dolor en sus vidas. El tiempo será el mejor
remedio para ellos. Renata me sorprende con la madurez
que denota y es algo que no esperaba. Ella me dio la
mayor fortaleza. Nunca le dejaré de agradecer por ello.
Tiago se ha vuelto más fuerte pero aún llora mucho. Me
rompe el corazón verlo separado de su hermana a la que
amaba tanto. No conozco a ningún muchacho que haya
sido tan cercano a una hermana como él lo fue con
Paloma. Le dio atención y protección todo el tiempo.
Ahora es tan retraído. Como le dije a Orpet, creo que

debido a esto, su infancia concluyó abruptamente. Orpet también ha sufrido en extremo aunque por su naturaleza propia no es de los que muestran sus sentimientos a flor de piel, pero aún así sé y siento su sufrimiento. Él es muy nervioso y necesita de los demás. Incluso más que yo misma, porque el menos yo ya tengo mi consuelo que es el recuerdo de mi hija.

Así es como están las cosas. Estoy aquí, sola, tratando ahora de continuar con mi vida y buscar esas ansiadas respuestas para probar que es verdad lo que sospecho. Es tan difícil. Mi mundo es diferente......ya no hay más juguetes alrededor de la casa...los ponis están tranquilos....el color rosa ya no se ve por todos lados...ya no hay más trenzas ni colas de caballo por hacer, ni más nudos que atar...tampoco mas besos inesperados por recibir en mi mejilla....Mi pequeña muñequita se ha ido...Mi pequeña muñequita rosa se fue para siempre.

Capitulo 17

El tiempo cicatriza las heridas.

Pero no cuando se trata de descubrir las razones de las circunstancias misteriosas de la vida. No cuando se trata de viajes a la conciencia espiritual y a un mayor autoconocimiento. No cuando se trata de recorrer caminos nunca antes recorridos. Ni tampoco cuando se trata de despertar después de la partida de Paloma.

Por la gracia de Dios, el tiempo transpira por su propia cuenta. Los días se vuelven noches y luego se vuelven nuevamente días sin que para nada interfiramos los seres humanos. El paso del tiempo es un acto pasivo. No puede curar nada por si solo. No puede tampoco empoderar e iluminar por si mismo. Por lo tanto, se requiere forzosamente de auto responsabilidad y esfuerzos propios, requiere de fe, esperanza y amor.

Y así fue en Sao Paulo, Brasil un día de mayo de 1996. Mientras los días se convertían en noches, que los compañeros de clase de Paloma llegaron hasta el nivel de secundaria, Renata y Tiago llegaron a la etapa adulta y Orpet y Elida seguían adelante con sus vidas, pero el tiempo no curó nada. Sin embargo, la fe, la esperanza y el amor si lo hicieron.

Pero hay heridas que nunca cicatrizan. En un mundo que identifica el bien con los placeres y lo malo con el dolor, las heridas se pueden infligir. Pero en un mundo donde se entiende que los actos de Dios involucran pruebas, no accidentes, y razones, no coincidencias, también se infiere que existe una solución espiritual a todo y que esa dicha puede emerger de la confusión, de la desesperanza e incluso de la muerte.

J. Martin Kohe escribió una serie de lecciones, en donde discutía el secreto de tratar con problemas, decía: "Algunas veces es muy difícil entender la muerte de un ser amado pero con confianza y un sólido razonamiento, en muy poco tiempo, somos capaces de seguir adelante con nuestras vidas en base a una fe inquebrantable".

Más tarde Joseph, un cardenal Bernardino encontró su solución espiritual mientras vivía con la desesperanza de un cáncer terminal. Este personaje decía: "Algunos ven a la muerte como una enemiga. Otros la ven como si fuera una amiga. Como persona de fe que soy y que ve a la muerte simplemente como una transición de la vida física a vida eterna, yo la veo como una amiga."

Otra solución espiritual viene de M.Scott Peck en su obra "El camino menos recorrido" Aquí Peck se refiere en parte a "Las enseñanzas de Don Juan" del autor Carlos Casteneda, cuando describe a la muerte como nuestra "aliada", aún temible pero continuamente considerada como una fuente de sabios consejos. Con el consejo de la muerte, el conocimiento constante del límite de nuestro tiempo que nos queda para vivir y amar, se nos podría guiar siempre para hacer uso de manera más óptima de nuestro tiempo y vivir la vida al máximo. Pero si nosotros no estamos dispuestos para enfrentar su temible presencia, entonces nos privamos de su consejo y posiblemente no podamos vivir o amar con claridad. Cuando le tememos a la muerte, un proceso natural de la naturaleza siempre cambiante, entonces nosotros inevitablemente también le tememos a la vida..."

Elida persiguió su solución espiritual con una pasión diaria. ¿Por qué nos sucedió esto? ¿Cuál es el significado de todo esto? ¿Cuál es el significado de la vida y muerte de Paloma? Las respuestas y razones para ella llegarían en el momento adecuado y de la forma apropiada. A través de todo este proceso y con el paso de los años, Elida se sintió más fuerte interiormente. Creció y cambio. La vida ya no fue más una rutina diaria hacia una cómoda existencia llena de búsquedas superficiales. Había mucho más. Había un significado y un propósito.

Para ella, la religión fue una parte importante de eso. Para entender los actos de Dios, Elida tuvo que poner a Dios en el lugar donde tuvo que haber estado desde un principio. La cruz llenó su corazón del modo que Paloma le enseñó. La Biblia dice que "la fe puede mover montañas." San Juan decía que "la verdad siempre te hará libre."

San Pablo hablaba de la "creencia y la esperanza" en la primera carta a los Tesalonianos. Paloma, una filosofa de tan sólo 8 años sin formación religiosa formal, dijo las mismas cosas a su madre con su propia mezcla de palabras e ideas. "Creer es la verdad en una esperanza que nosotros tenemos de la creación de la vida."

El poder y el misticismo de las palabras y pensamientos de Paloma iluminaron a Elida del mismo modo que las palabras y pensamientos de los más grandes educadores, y lideres religiosos han influenciado a muchas gentes a lo largo de la historia.

Napoleón Hill, en su obra "Piense y Hágase Rico" refleja los pensamientos de Paloma acerca de la creencia, la fe, la esperanza, y la creación, al decir, "! La fe es el elixir eterno que da vida, poder, y acción al impulso de pensar!"

Y está también el pasaje hermoso de Sogyal Rinpoche en su obra "El libro tibetano de la vida y la muerte" que en su mensaje se acerca mucho a una descripción de Paloma;

"En el mundo moderno, hay muy pocos ejemplos de seres humanos que personifiquen aquellas cualidades que provienen de conocer la naturaleza de la mente. Por eso es difícil para nosotros siquiera imaginar a un ser iluminado o la percepción de estar ante uno de ellos, e incluso es más difícil comenzar a creer que nosotros mismos pudiéramos ser uno de estos seres privilegiados....Y aún si de verdad llegáramos a creer en esa posibilidad, al mirarnos interiormente y darnos cuenta de lo que esta formada nuestra mente ordinaria, ira, avaricia, envidia, crueldad, lujuria, miedo, ansiedad y confusión, minaría para siempre cualquier esperanza de lograr esa meta. La iluminación espiritual es real; y cada uno de nosotros, quienquiera que sea, puede en circunstancias correctas y con el correcto entrenamiento darse cuenta de la naturaleza de la mente y así conocer en nuestro interior lo que es inmortal y eternamente puro. Esta es la promesa de todas las tradiciones místicas del mundo, y se ha cumplido y se lleva a cabo actualmente en incontables miles de seres humanos.

Sin duda alguna, eso ocurrió en la vida de Elida y en la vida de su angelito "inmortal y eternamente pura" Paloma.

"Somos tan afortunados que la vida nos ofrece un nuevo comienzo cada nuevo día," dice Elida. "Aprovecha al máximo esta nueva oportunidad. Sigue adelante en tu vida con un renovado espíritu, libre de temores, encontrarás la luz al final del túnel, y el brillo de sol en cada amanecer. Puedo decirte que mientras sigas adelante, nunca estarás solo. Hay una fuerza en ti y contigo que te guiará, pero siempre y cuando, tú así lo creas. Confía en mi cuando te digo que no hay castigo; sólo bendiciones. En mi travesía, siempre que el dolor trata de opacar la alegría, busco la verdad que me ha sido revelada y automáticamente encuentro la felicidad.

"Cuando era una niña, traté de colocar un ramo de rosas sobre el altar de mi iglesia. No fue un gran problema en ese entonces, pero siempre lo recuerdo. Porque Paloma amaba todo lo que fuera de color rosa y me recordaba siempre aquel ramo. No pude alcanzar el altar en ese entonces y tuve que colocar las flores sobre el piso. Hoy, mis flores ya no están en el piso. Están en el altar en la Gloria del Señor.

Dios cuida los jarrones para depositar sus flores ahí. Piensa en eso simplemente. ¿Que significa eso? Para mi, que las flores del Señor son todas las bendiciones que él puede darnos. Nosotros somos los jarrones. Dios trata de distribuir sus flores pero algunas veces nosotros no somos esos jarrones que necesitamos ser para ser útiles. Otras veces, Dios nos da las flores y luego se las lleva. Lo sé, porque Paloma fue mi flor. Fue una de esas benditas flores.

"¿Pero que significa perder una flor? Es ganar el conocimiento del jarrón que necesitas ser.

"¿Qué significa perder a una hija? Es ganar el paraíso."

ACERCA DEL AUTOR

Rich Winograd vive en Thousand Oaks, California y es ejecutivo de ventas de un importante corporativo en Estados Unidos. Es graduado de la Universidad del Sur de California, en donde conociò a su esposa, Regina. Ambos tuvieron dos hijas, Deborah y Tatiana. Con este matrimonio Rich se convirtió en tìo de Paloma (Regina y el Padre de Paloma, Orpet, son hermanos) y lo inspirò a escribir este libro despuès de enterarse de la historia de Paloma. Paloma es su unico libro. Rich ha estudiado y seguido las enseñanzas de Napoleón Hill la mayor parte de su vida adulta. Leyò sus obras "Piense y Hagase Rico" y "La Llave Maestra de la Riqueza" por primera vez hace 20 años y las ha releìdo muchas veces en estos ùltimos veinte años. "Ambas obras han sido extremadamente importantes para mi desarrollo personal y sin duda alguna, fueron fundamentales para escribir `Paloma"

El Centro de Aprendizaje Mundial Napoleón Hill en la Universidad Purdue Calumet tiene como meta diseminar las obras de Napoleón Hill a todas las audiencias que están abiertas e interesadas. Actualmente, nuestro objetivo se centra en el estudiante general y poblaciones correccionales por toda la nación. Los programas para jóvenes y adultos son seminarios especialmente preparados. Igualmente se capacita a instructores dentro de las propias empresas de acuerdo a sus programas y presupuestos. Para solicitudes especiales, por favor, contáctenos en nhf@calumet.purdue.edu.

También puede encontrar en nuestro Centro de Aprendizaje Mundial Napoleón Hill los siguientes material y cursos:

LIBROS
- "Piense y Hágase Rico"
- "Calendario Inspiracional Anual"
- "Tú Puedes"
- "Tú Poder Más Grande"
- "Como Convertirse en un Millonario Mental"
- "Pensamientos Eternos para el Día de Hoy"
- "¡Despierta ¡ Estás Vivo"
- "Más Allá del Pensamiento Positivo"
- "52 Lecciones de Vida"
- "Paloma"

CURSOS
- PMA – Curso de la Ciencia del Èxito
- PMA - Curso de Aprendizaje a Distancia
- Seminario de Certificación de Liderazgo
- Programas Basicos, Intermedios y Avanzados
  Para los 17 principios del èxito

Cursos para Poblaciones en Prisiones
Materiales y Cursos Correccionales por Toda la Naciòn
- Para Jóvenes y Adultos Encarcelados
- Programas sobre Violencia Domestica

MEMBRESÌA
En Linea: En www.naphill.org

Para información adicional acerca de los productos Napoleón Hill, favor de contactar a las siguientes direcciones:

Centro de Aprendizaje Mundial Napoleón Hill
Purdue University Calumet
2300 173rd Street
Hammond, IN 46323 – 2094

Judith Williamson, Director
Uriel "Chino" Martinez, Assistant / Graphic Designer

Telephone: 219-989-3173 o 219-989-3166
Email: nhf@calumet.purdue.edu

Fundaciòn Napoleòn Hill
University of Virginia-Wise
College Relations Apt. C
1 College Avenue
Wise, VA 24293

Don Green, Executive Director
Annedia Sturgill, Executive Assistant

Telephone: 276-328-6700
Email: napoleonhill@uvawise.edu

Website: www.naphill.org